DIE SIGMUND FREUD-VORLESUNGEN

Das ›New York Psychoanalytic Institute‹
veranstaltet alljährlich
anläßlich des Geburtstages von Sigmund Freud
eine Vorlesung,
zu der ein namhafter Psychoanalytiker eingeladen wird.
Die Einladung gilt als Auszeichnung;
die Vorlesungen erscheinen im Druck.
In der Sammlung ›Die Sigmund Freud-Vorlesungen‹
werden die deutschen Ausgaben von
›The Freud Anniversary Lecture Series‹ vorgelegt.

Leo Stone

Die psychoanalytische

Situation

Übersetzt von Friedhelm Herborth

S. Fischer

Titel der amerikanischen Originalausgabe:
›The Psychoanalytic Situation. An Examination of Its Development
and Essential Nature‹.
Erschienen in ›The Freud Anniversary Lecture Series‹
bei International University Press, Inc., New York.
© The New York Psychoanalytic Institute, 1961.
Für die deutsche Ausgabe:
© S. Fischer Verlag GmbH, Frankfurt am Main 1973.

Die Veröffentlichung ist eine erweiterte Fassung der am 9. Mai 1961 vor der ›New York Academy of Medicine‹ gehaltenen Vorlesung. Die wesentlichen Gedanken der Arbeit wurden unter dem Titel ›The Psychoanalytic Situation: Notes on an Evolving Concept‹ am 3. Februar 1960 vor der Psychoanalytischen Gesellschaft in Topeka und am 5. Februar vor der Psychoanalytischen Gesellschaft in Cleveland vorgetragen. Einige Teile der früheren Fassung wurden am 2. April 1960 informell auf einer Arbeitssitzung über ›Research Trends in Psychoanalytic Medicine‹ an der ›Columbia University Psychoanalytic Clinic‹ vorgetragen. Einige Gedanken und Fragmente des Materials sind bereits früher in anderen unveröffentlichten Erörterungen sowohl formell wie informell dargestellt worden, so unter anderem in einer Vorlesung an der University of Michigan am 21. April 1959, und zwar unter dem Titel ›Observations on Certain Essential Elements in Psychotherapy‹.

Gesamtherstellung: Sellier GmbH Freising
Printed in Germany 1973
ISBN 3 10 0756010

Inhalt

Für meine Frau

Die folgenden Überlegungen gehören in die Reihe der Versuche, die psychoanalytische Situation als ein an sich selbst höchst bedeutsames Phänomen (und Instrument) zu untersuchen. Mein Begriff der Situation umfaßt die allgemeinen und gleichbleibenden Merkmale des analytischen Settings und des analytischen Verfahrens sowie die bewußten und die unbewußten Bedeutungen und Funktionen der Arzt-Patient-Beziehung. Die Perspektive dieser Untersuchung reicht von der unter klinischen Gesichtspunkten einbezogenen Realitätssituation bis zu den letztlich biologischen Elementen, die der Situation ihre einzigartige Wirksamkeit verleihen. Auf einige Aspekte der Situation, die mir besonders wichtig erscheinen, werde ich ausführlicher eingehen, vor allem auf die komplexe dynamische Beziehung zwischen Analytiker und Patient.

Zunächst dürften jedoch einige Sätze über die Gründe, die mich zu dieser Untersuchung veranlaßt haben, angebracht sein, dies um so mehr, als viele unmittelbar zum Thema gehörigen Fragen, auf die ich mich nur kurz oder beiläufig beziehen werde, zum Gegenstand umfassender Diskussionen gemacht worden sind. Die psychoanalytische Situation als solche wird oft als etwas Selbstverständliches betrachtet, als etwas, das sich selbst erklärt, oder sie wird nur kurz und nebenbei definiert. In meinen Augen hat diese Situation – wie die meisten organischen Einheiten – ihre eigene spezifische Bedeutung, die mehr ist als die Summe ihrer einzelnen Teile und dynamischen Elemente. Wie jedes andere wichtige Phänomen im Bereich unseres Interesses möchte man natürlich auch dieses genauer verstehen; und mit diesem Wunsch geht die Hoffnung einher, es könne gelingen, das Selbstverständnis unserer psychoanalytischen Arbeit um ein Stückchen zu erweitern oder um eine neue Facette zu bereichern.

In einem unmittelbar praktischen Sinne werden meine Überlegungen für einige Diskussionen wichtig sein, die in jüngster Zeit eine große Rolle gespielt haben. So beruht etwa die neuere Diskussion über Modifikationen und Variationen der klassischen psychoanalytischen Technik auf bestimmten impliziten Annahmen über die eigentliche Natur der klassischen psychoanalytischen Situation (s. z. B. A. Freud, 1954b; Panel Discussion, 1958). Noch offensichtlicher trifft dies natürlich für die Bemühungen zu, die Psychoanalyse als einzigartigen Prozeß von anderen sich auf psychoanalytische Prinzipien stützenden psychotherapeutischen Methoden zu trennen. Wenn wir das allgemeine Prinzip akzeptieren, daß technische Neuerungen eine sichere theoretische Grundlage haben sollten (A. Freud, 1954b) – ohne die Theorie als eine starre Autorität anzuerkennen –, müssen wir dennoch sehen, daß hauptsächlich auf der psychoanalytischen Psychologie des Individuums (d. h. des Patienten) beruhende theoretische Erwägungen durch Überlegungen ergänzt werden müssen, die sich auf die *dynamische* Situation beziehen, eine Situation, die offenbar eine Reihe wichtiger dynamischer Elemente reproduziert, die in die eigentliche Genese der individuellen Persönlichkeit eingehen (vgl. z. B. Greenacre, 1954; Loewald, 1960; Spitz, 1956). Ferner müssen wir den bedeutsamen intellektuellen Gärungsprozeß, der in den vergangenen Jahren in den Diskussionen über Übertragung und Gegenübertragung in Gang gekommen ist, aufmerksam zur Kenntnis nehmen (vgl. z. B. Bouvet, 1958; Heimann, 1956; Nacht und Viderman, 1960; Searles, 1959; Winnicott, 1956). Um die Vielfalt der interessanten und möglicherweise folgenreichen Gesichtspunkte richtig bewerten und nutzbar machen zu können, bedarf es eines genauen Verständnisses der allgemeinen dynamischen Situation, in der solche Phänomene beobachtet oder erschlossen werden. Das Interesse meiner Überlegungen – das zu betonen ist wichtig – konzentriert sich auf die klassische psychoanalytische Situation als ein allgemeines Modell, nicht auf die vielen Variationen oder Ausnahmen, die in unserer Arbeit immer möglich (oder notwendig) sind.

Selbstverständlich kann die Untersuchung der psychoanalytischen Situation nicht völlig von den Details des analytischen Prozesses abgelöst werden, und sie läßt sich auch nicht unabhängig von der Psychologie durchführen, zu deren Entwicklung sie den Anstoß gegeben hat. Gleichwohl verdient sie ein besonderes Maß an Aufmerksamkeit. Da ein solcher Versuch unvermeidlich beinahe jeden Aspekt der Psychoanalyse berührt, werden meine Bemerkungen notgedrungen summarischen Charakter haben, sofern nicht die Entfaltung meiner eigenen Ansichten die Darlegung bestimmter Einzelheiten erforderlich macht. Diese Studie kann natürlich (zumindest zum gegenwärtigen Zeitpunkt) nur eine individuelle Interpretation des Themas bieten – wie stark auch immer sie Arbeiten anderer Analytiker verpflichtet ist. Insbesondere kann ich nicht den Anspruch erheben, eine Monographie (im traditionellen systematischen und umfassenden Sinne) vorzulegen*. Allein aus Gründen der Darstellung (denn unter alle Zwischentitel fallen eng miteinander zusammenhängende Probleme und dynamische Elemente) werde ich die psychoanalytische Situation unter den folgenden Gesichtspunkten behandeln: (1) die Arzt-Patient-Beziehung; (2) die klassische Auffassung der

---

* Obwohl ich im angefügten Literaturverzeichnis ausführlicher auf die zahlreichen Arbeiten aufmerksam machen kann, die meine eigenen Vorstellungen beeinflußt haben (oder deutlich mit ihnen verwandt erscheinen), als dies im ursprünglichen Vortrag möglich war, erhebe ich hinsichtlich der Übersicht über die Literatur keinen Anspruch auf bibliographische Vollständigkeit. Mit wenigen Ausnahmen konnten die neuesten Arbeiten, die für mein Thema wichtig sind, nicht mehr berücksichtigt werden. Den vielen Kollegen, deren Arbeiten mein eigenes Denken beeinflußt haben, spreche ich meine Anerkennung und Dankbarkeit aus. Gleichzeitig übernehme ich die volle Verantwortung für jede Adaptation, die ich im Hinblick auf meine eigenen Absichten vorgenommen habe.

psychoanalytischen Situation; (3) weitere Bemerkungen zum Komplex Übertragung-Gegenübertragung und zur Übertragungsneurose; (4) die primäre unbewußte Bedeutung der psychoanalytischen Situation; (5) biologische und primitivpsychische Aspekte der psychoanalytischen Situation – wobei ein besonderer Akzent auf der Rolle der Sprache liegt; (6) eine kurze Zusammenfassung; und (7) ein Anhang, in dem einige Überlegungen des ursprünglichen Textes weiter ausgeführt oder erläutert werden.

Die Arzt-Patient-Beziehung

Als Breuer und Freud (1895) ihre bahnbrechenden hypnotischen Behandlungen der Hysterie durchführten, taten sie das als Ärzte, die sich um das Leiden hoffnungslos kranker Patienten kümmerten. Freud war ein Neurologe, in gewisser Hinsicht ein *médecin malgré lui*, aber dennoch ein Arzt, der zu dieser Zeit, wenn nicht sein ganzes Leben lang, ohne Zweifel durch das Bestreben motiviert war, die unter dem Namen »Neurosen« bekannten merkwürdigen Krankheiten wirksam zu behandeln. Ich erwähne diese historische Tatsache, weil Freuds persönliche Einstellung zu seinem eigenen medizinischen Werdegang und zu seinen ärztlichen Kollegen sowie bestimmte spezifische Erfordernisse der psychoanalytischen Technik und (nicht zuletzt) die stetige und faszinierende Entwicklung der Psychoanalyse zu einer allgemeinen Psychologie dieses schlichte, aber sehr wichtige wissenschaftliche Faktum verdunkelt haben.[1] Und insofern die ursprünglich angewandte psychologische Technik die Hypnose war, behielt die Beziehung zwischen Arzt und Patient – in einigen Hinsichten sogar übersteigert – ihre traditionellen Merkmale: scheinbar allwissend, autoritär, hilfreich der eine; unwissend, völlig ergeben, hilfsbedürftig der andere. Selbst das Auftauchen von Erinnerungen an pathogene Erfahrungen, dessen Beachtung den Beginn der Psychoanalyse bildete, war zunächst eine Art unwissenschaftlicher, manchmal widerwillig geleisteter Beitrag des Patienten, dem Mitbringen des Urins, der untersucht werden soll, oder dem Ausdrücken von Eiter, das ertragen werden muß, vergleichbar. (Vgl. Freuds vorsichtige Analogie in den ›Studien über Hysterie‹ [Breuer/Freud, S. 311].) Der Zustand der Hypnose selbst mit den tiefgreifenden physiologischen Veränderungen, die in ihm auftreten können, und dem vorübergehenden Aussetzen oder der Einschränkung der freiwilligen Mitwirkung des Patienten nach der Hypnotisierung ist der Wirkung eines pharmakologischen oder chirurgischen Eingriffs so nahe, wie man es sich von einer durch rein psychologische Mittel induzierten Veränderung nur vorstellen kann. Darüber hinaus war in dieser frühen Arbeit die gesamte Aufmerksamkeit (zumindest in einem operationellen Sinne) ausschließlich auf den Patienten gerichtet. Die Ärzte waren ihrem Selbstverständnis nach

---

[1] Die hochgestellten Zahlen im Text verweisen auf die Erläuterungen im Anhang (S. 137–172).

allein durch ihre professionellen Fertigkeiten und Kenntnisse in den therapeutischen Prozeß verwickelt. Verglichen mit dem, was man für spezifisch ätiologische Faktoren hielt, und den Bemühungen, diese Faktoren direkt anzugehen, war selbst die Persönlichkeit des Patienten in einem weiteren Sinne von beiläufigem und gesondertem, obwohl ohne Zweifel wichtigem Interesse. Überredung, Ermahnung, das Auflegen der Hand waren gebräuchliche therapeutische Methoden. Körperliche und medizinische Behandlungen waren ohne Einschränkung mit der Psychotherapie vermischt; die Beziehungen zwischen Arzt und Patient waren nicht stärker formalisiert als traditionellerweise üblich. Das kompromißlos autoritäre Verhalten des Arztes konnte sich in seinen therapeutischen Reaktionen auf eine ihm selbst unbewußte Weise ausdrücken. (Das scharfe Ultimatum gegenüber Frau Emmy von N. war z. B. eine Reaktion auf eine manifeste Übertragungsreaktion [Breuer/Freud, op. cit., S. 136].) Heute erscheint die Vorstellung, Freud habe die Aufgabe schmerzlicher Gedanken oder Erinnerungen buchstäblich befohlen, beinahe phantastisch, doch hat er genau dies getan; und nach dem Verzicht auf die Hypnose wurden Beharrlichkeit und Bestimmtheit, ergänzt durch die spezifische Technik des Druckes auf den Kopf, die Mittel zur Überwindung der Widerstände. Psychoanalyse, wie wir sie heute kennen, ist durch eine Verbindung von Zufällen und glänzenden Beobachtungen entstanden, wobei die Entdeckung der Übertragung, die Unzuverlässigkeit der Hypnose (im

Hinblick auf ihre Anwendung wie auf ihre Resultate), die Erkenntnis der zentralen Bedeutung des Ichs und der Notwendigkeit, es zu dauernder Mitwirkung zu gewinnen, sowie natürlich die vielfältigen Möglichkeiten der freien Assoziation eine Rolle gespielt haben. Wir müssen Freuds Erklärung akzeptieren, daß das erste (manifeste) Motiv, seine Technik zu modifizieren, sich aus der Unzuverlässigkeit der Anwendung der Hypnose ergab; diese Schwierigkeit führte in der Folge zu einer Vielzahl tiefer Einsichten (Breuer/Freud, op. cit., S. 165–170 und 267 ff.). Als im Jahre 1905 der Fall »Dora« publiziert wurde (Freud, 1905a), nahm die allgemeine Struktur der klassischen psychoanalytischen Situation Form an. In einer Schrift Freuds von 1898 (S. 512) war die »psychoanalytische Methode« sozusagen angekündigt worden. Obwohl in der Darstellung des Falles »Dora« auf eine Darlegung der technischen Methoden ausdrücklich verzichtet wird, gewinnt man dennoch einen lebhaften Eindruck von den methodischen Fortschritten; die Deutung hat einen offenkundig lehrhaften, an Vorlesungen erinnernden Zug; die Übertragung als entscheidender dynamischer Mechanismus war weitgehend eine spätere Erkenntnis, obwohl sie schon in den ›Studien über Hysterie‹ (Breuer/Freud, op. cit., S. 398) erkannt worden war; und Freud verstand sich noch immer als ein praktischer Arzt (nicht als »Gelehrter«).

Aus der ursprünglichen Struktur der Arzt-Patient-Beziehung, in welchem Maße auch immer sie im Rückblick vernachlässigt werden mag, sind einige notwendige und wichtige Elemente in unsere Arbeit übergegangen. Dazu gehören: die Notwendigkeit, die der ursprünglichen Psychopathologie entstammende fokale, wesentlich klinische Perspektive der Psychologie allmählich in ein effektives wissenschaftliches Interesse an der Gesamtpersönlichkeit zu verwandeln, wie auch die ständige Notwendigkeit einer dialektischen Versöhnung dieser beiden gleichermaßen wichtigen Perspektiven;[2] der relativ lange Zeitraum, bis allgemein anerkannt wird, wie tief beide an der Analyse beteiligten Personen in den analytischen Prozeß verwickelt sind; und (nicht zuletzt) die sonderbar signifikanten Spuren des »Patient-als-Leiche«-Themas in bestimmten allgemeinen psychoanalytischen Routinehandlungen, ein Zug, den Lewin (1946a) wahrgenommen und als eine Komponente der traditionellen ärztlichen Gegenübertragung beschrieben hat, und den Fliess (1954)[3] auf gewisse spezifische Schwierigkeiten der psychoanalytischen Technik bezogen hat. Diese Überreste aus der traditionellen Medizin sind signifikant und hängen miteinander zusammen. Ein unbestrittenes – und das wahrscheinlich bedeutsamste – Residuum indes ist die Tatsache, daß die Psychoanalyse als ein genuiner Prozeß ihre einzig angemessene Motivation im Leiden des Patienten und seinem Angewiesensein auf Hilfe findet, gleichgültig, wie primitiv oder subtil die spezifische Störung jeweils sein mag. Mit anderen Worten, als ein genuiner Prozeß kann die Psychoanalyse niemals *nur* und *primär* auf Forschung oder (zumindest bei Erwachsenen) hauptsächlich auf Erziehung ausgerichtet sein.[4] Dies ist kein bloß historischer Überrest, sondern eine grundlegende psychodynamische Tatsache, die, wie ich glaube, für das Phänomen der Übertragung und für die Rolle der latenten Übertragung in der Neurose ohne Zweifel ebenso wichtig ist wie für die geniale Entwicklung der Psychoanalyse und der psychoanalytischen Situation aus dem Rohstoff von Arzt und neurotischem Patienten. Ich möchte gleich zu Beginn einigen möglichen Mißverständnissen meiner einleitenden Bemerkungen zuvorkommen und sie, wie ich hoffe, aus dem Weg räumen. Wenn ich den medizinischen Ursprung der Psychoanalyse hervorhebe, so habe ich dabei nicht das gegenwärtige formale Problem von Laien- oder ärztlicher Analyse im Sinn. Mein Interesse richtet sich ausschließlich auf die Frage, was dieser Ursprung (und seine Folgen) für unser Konzept der psychoanalytischen Situation und, in einer weiteren, aber nicht weniger wichtigen Perspektive, für die allgemeine psychoanalytische Psychologie bedeutet, die aus ihm hervorgegangen ist.[5] Ferner möchte ich einem möglichen Schluß begegnen, der meinen tatsächlichen Vorstellungen völlig entgegengesetzt wäre, dem Schluß nämlich, meine Betonung ihres medizinischen Ursprungs bilde den Auftakt zu einem Angriff auf die Gültigkeit der Psychoanalyse als einer allgemeinen Psychologie. Ich werde nicht die bekannten Argumente wiederholen, welche die Ableitung einer allgemeinen Psychologie aus Beobachtungen der Psychopathologie rechtfertigen sollen. Vielmehr möchte ich eine weitergehende Behauptung verteidigen: Die miteinander zusammenhängenden Widersprüche in Freuds Einstellung zur Medizin, zur Naturwissenschaft und zu den Humanwissenschaften spiegeln sich in der zentralen und oszillierenden Stellung der Psychoanalyse als einer Disziplin, ein Beweis für ihre einzigartige Nähe zu den aktuellen Problemen der menschlichen Situation. Mehr als jede andere spezifische und strukturierte Beziehung zwischen Erwachsenen wird die therapeutische Beziehung nach meiner Überzeugung in dem Maße, in dem ihr latenter psychischer Inhalt greifbar wird, zu einem einzigartigen strategischen Ausgangspunkt für die Entwicklung eines wirklichen Verständnisses der grundlegenden und allgemeinen psychischen Reaktionen des Menschen. Ich werde sogar die zweifellos verwegene These vertreten, daß die Psychoanalyse unter keinen anderen Auspizien hätte entstehen können! Damit betone ich zugleich meine Überzeugung von der einzigartigen Fähigkeit des Arztes, Übertragung auf sich zu ziehen [Übertragungsvalenz]. Auf diesen Punkt werde ich später zurückkommen.

Die klassische psychoanalytische Situation

Im alltäglichen Sprachgebrauch kann das Wort »klassisch« recht verschiedenartige Bedeutungen annehmen. Im Zusammenhang mit der Psychoanalyse ist seine Bedeutung jedoch ziemlich eindeutig. Sofern Nebenbedeutungen mitschwingen wie Festhalten an bewährten Formen und Achtung vor Althergebrachtem, sehe ich keinen Grund, sie in Abrede zu stellen. Als Freud zunächst die hypnotische Technik, dann auch die spezifische alternative Methode des Druckes auf den Kopf und damit zugleich viele traditionelle ärztliche Praktiken von der körperlichen Untersuchung bis zum üblichen Verhalten hinsichtlich des Honorars aufgab, konstituierte sich eine neue psychologische Situation, die für diejenigen, die Psychoanalyse im klassischen Sinne praktizieren, gewöhnlich feste Formen angenommen hat.[6] Daß es in den individuellen technischen Neigungen und sogar in den Interpretationen der persönlichen Einstellung zum Patienten viele Variationen gibt, ist (zumindest für die Britische Gesellschaft) durch die vor vielen Jahren durchgeführte Untersuchung von Glover (1938) erwiesen worden. Derartige Abweichungen liegen aber im Umkreis einer relativ wohldefinierten allgemeinen konzeptuellen Struktur, über die – abgesehen von den Fällen, in denen Gruppen oder einzelne offen eine andere Auffassung vertreten – im allgemeinen Übereinstimmung angenommen werden darf. Es mag eingewendet werden, daß Variationen in der Technik wenig Bedeutung haben, da alle Analytiker ihren Patienten zu helfen versuchen. Einem solchen Einwand muß man jedoch entgegenhalten, daß die konzeptuelle Struktur eine starke Kraft darstellt, die Selbstvorwürfe oder sogar Schuldgefühle auslöst, wenn ihre Grenzen überschritten werden. Fraglos bildet diese Struktur den eigentlichen Kern des Unterrichts für angehende Psychoanalytiker (und in diesem Zusammenhang mögen »Variationen« diskutiert werden) wie auch den zentralen theoretischen Rahmen für Untersuchungen des psychoanalytischen Prozesses. In ihrer extremen gegenwärtigen Form zeigt sich diese Tendenz z. B. darin, daß Eissler (1953) jedes technische Verfahren des Analytikers außer der Deutung als einen »Parameter«, neuerdings (1958) als »Pseudo-Parameter«, bezeichnet. Für eine wachsende Zahl von Analytikern ist ein klar umrissenes Konzept der analytischen Situation ebenso wichtig wie die grundlegenden metapsychologischen Konzepte. Ferner: die theoretische konzeptuelle Struktur der analytischen Situation fungiert unstreitig als ein Ideal, das viele Analytiker in ihrer klinischen Arbeit zu verwirklichen suchen, wobei das »humane« Element als eine Form bewußter *détente* oder Zurückhaltung oder ein soweit wie möglich ungezwungenes Entgegenkommen erscheint. In dieses fest umrissene Konzept sind verschiedenartige Elemente eingegangen: prinzipielle Aussagen und explizite Empfehlungen Freuds; die durch Gewohnheit und Tradition bedingte Verhärtung einzelner Elemente dieser Empfehlungen (der mitunter durch bestimmte doktrinäre Haltungen einflußreicher Kollegen Vorschub geleistet wird); Elemente, die dem Arzt oder dem Patienten die Situation annehmlicher machen oder erleichtern, von denen einige (z. B. die Frage, ob der Patient sitzt oder liegt) sich als von entscheidender dynamischer Bedeutung herausgestellt haben, die über die zunächst manifeste und unmittel-

21

bare Motivation ihrer Einführung weit hinausgehen; sowie zweifellos die sekundären affirmativen Elemente, die aus praktischer Erfahrung, rationaler Reflexion und vertiefter Einsicht in die Natur der allgemein geübten Praxis entspringen. Dies gilt vor allem für einen Aspekt, dem in dieser Studie ein besonderes Interesse gilt, nämlich für die persönliche Einstellung des Analytikers zu seinem Patienten. Ob die Unklarheit in dieser Frage auf Freuds allgemeine Abneigung gegen die Festlegung starrer technischer Regeln zurückgeht oder auf bestimmte Probleme innerer Widersprüchlichkeit, denen ich mich in dieser Studie zuwenden möchte, vermag ich nicht zu sagen. Wahrscheinlich spielt beides eine Rolle. Jedenfalls läßt sich diese Situationsstruktur, die in erster Linie dazu dient, die freie Assoziation des Patienten und die ungestörte »gleichschwebende« Aufmerksamkeit des Analytikers zu erleichtern und es außerdem ermöglicht, daß die Übertragung sich als isolierte und »reine« Erscheinung entwickelt, jetzt als ein in sich dynamisch außerordentlich wirksames psychoanalytisches Instrument verstehen. Ich spreche von ihrer entscheidenden Bedeutung für die Entstehung der Übertragungsneurose.[7] Durch ihre spezifischen und unvermeidlichen Frustrationen noch vor den reduktiven deutenden Eingriffen (mein eigener Sprachgebrauch; s. a. Panel Discussion, 1956), die vor ihrem notwendigen und konsistenten Hintergrund gegeben werden, trägt die analytische Situation kumulativ zur Förderung der Regression bei. Ich will die einzelnen Merkmale der klassischen analytischen Situation nicht im Detail durchgehen. Einige dieser Merkmale deuten an, was ich andernorts (1954b) als das analytische (wahrnehmungsmäßige und emotionale) »Vakuum« bezeichnet habe: die vollständige oder teilweise Unsichtbarkeit des Analytikers während der Analysestunden; die relative Beschränkung seiner Reaktionen auf Deutung, Klärung oder andere »neutrale« Kunstgriffe; die Stereotypie des Stundenplans und des Honorars; das relative Fehlen auch nur konventioneller emotionaler Reaktionen auf Persönlichkeit und Beruf des Patienten; das Nichteingreifen in das Alltagsleben des Patienten, sei es durch Rat oder Überredung oder durch bewußt herbeigeführte außeranalytische Kontakte; das allgemeine »Zudecken« der Persönlichkeit des Analytikers — aktiv und passiv —, sofern sie nicht unvermeidlich oder unbeabsichtigt zutage tritt. Eine weitere, mit den übrigen eng verflochtene Faktorengruppe unterstreicht in ihrem manifesten Charakter die *formal* kindliche Rolle des Analysanden, wenn der Patient diese Faktoren auch *freiwillig* anerkennt und sich *kooperativ* verhält (d. h. einen Teil der Last der schweren Verantwortung des *Erwachsenen* auf sich nimmt). Ich hebe diese Erwachsenenlast hervor, weil sie, obwohl sie gesehen wird, manchmal von der Betonung des »kindlichen« Elementes überlagert wird (z. B. in Waelders Einleitung zur Diskussion über die Übertragung [Panel Discussion, 1956]). Zu diesen Faktoren gehören: freie Assoziation als das einzige oder vorherrschende Kommunikationsmedium des Patienten unter Aufhebung jedes »Rechts«, eine Verbalisierung zu unterdrücken; die im allgemeinen extreme Einseitigkeit der Kommunikation und damit auch der Befriedigung der Neugier, ein Ungleichgewicht, das sich mit der extremen Ungleichheit der manifesten emotionalen Beteiligung verbindet. Das keineswegs unwichtigste Element in der strukturellen Konfiguration ist die Rückenlage des Patienten, deren Änderung (es sei denn, sie gehe auf das klinische Urteil des Arztes zurück) im allgemeinen aus technischen Gründen zugunsten der Verbalisierung entsprechender Impulse widerstanden wird.[8] Auf seiten des Patienten verbindet und verstärkt sich das relative Fehlen kognitiver Befriedigungen mit dem Mangel an Befriedigungen im Sinne gewöhnlichen Austauschs von Gefühlen oder der Erfahrung sichtbaren Einflusses auf eine andere Person, mit einem Mangel an Befriedigungen also, die in der Ökonomie der Beziehungen des Alltagslebens oder auch – in einem erheblichen Maße – in den Beziehungen zu anderen Ärzten immer wirksam sind. Ich übersehe nicht die Sicherheit und den Rückhalt, die große Toleranz und das Gefühl expressiver Freiheit, die für den Patienten in der psychoanalytischen Situation als solcher enthalten sind. Indes bin ich davon überzeugt, daß der Unterschied zwischen einem einsamen Vakuum und einer kontrollierten, aber warmen menschlichen Situation, die neben ihren unbestreibaren Härten diese Befriedigungen bietet, von einer Nuance in der Haltung des Analytikers abhängen kann. Die rigide Strenge der analytischen Situation ist subtil, kumulativ und, *ob sichtbar oder nicht*, außerordentlich wirksam. Es gehört zu den Aufgaben dieser Studie, deutlich zu machen, daß die innere formale Strenge der Situation ausreicht, um überflüssige, in der persönlichen Haltung des Analytikers begründete Versagungen zu kontraindizieren.

Bei der Entwicklung dieser bemerkenswerten und weitgehend neuen zweckbetonten menschlichen Beziehung hat Freud einige allgemeine Regeln aufgestellt und sich – bei seiner Gabe für den treffenden und anschaulichen Ausdruck – gelegentlich einiger Sprachfiguren bedient, die breiten und nachhaltigen Einfluß gewonnen haben. Sie werden häufig zitiert, obwohl ihre Interpretation und das Gewicht, das ihnen beigelegt wird, beträchtlich variieren können. Auf die drei folgenden Regeln möchte ich kurz genauer eingehen: (1) die Abstinenzregel; (2) der Chirurg als Vorbild; und (3) die »Spiegel«-Analogie. In den ›Bemerkungen über die Übertragungsliebe‹ hat die Aussage über Abstinenz einen spezifischen Bezug zur Sphäre erotischer Übertragungssehnsucht. Gleichwohl formuliert Freud die grundlegende Verallgemeinerung: »Die Kur muß in der Abstinenz durchgeführt werden.« (1915a, S. 313.) Diese allgemeine Regel soll dem Zweck dienen, die Motivation für weitere wirkliche Veränderungen durch die Analyse zu erhalten. Mit einer wichtigen, wenn auch etwas vagen Bestimmung fährt Freud fort: »Ich meine dabei nicht allein die körperliche Entbehrung, auch nicht die Entbehrung von allem, was man begehrt, denn dies würde vielleicht kein Kranker vertragen.« Man kann nur vermuten, daß Freud als zulässige Befriedigungen immer noch Teilnahme und Achtung (die der Arzt auch »nach abgelegtem Geständnis« gewährt) im Sinn hat, die er in den ›Studien über Hysterie‹ (Breuer/Freud, op. cit., S. 285) – neben dem Erwecken seines intellektuellen Interesses – als für die Motivierung des Patienten notwendige Kompensationen bezeichnet. In diesem wegen seiner Einfachheit und Klarheit beeindruckenden Abschnitt in den ›Studien‹[9] sieht Freud produktive Kräfte in jenen Elementen der psychoanalytischen Situation, die natürlicherweise aus dem Verhältnis zwischen Arzt und Patient entspringen; im Bereich des Alltagsverständnisses sind diese Elemente bestehen geblieben, in Theorie und Praxis der Psychoanalyse jedoch sind sie zunehmend an den Rand gedrängt worden; sie werden als Einschränkungen, Ausnahmen oder notwendige Zugeständnisse oder als Selbstverständlichkeiten angesehen, oder es wird freigestellt, ob sich ein Analytiker ihrer bedienen will, oder aber sie werden – von einigen Seiten *a priori* – rundheraus als technische Fehler bezeichnet.

In Freuds Vortrag vor dem Budapester Kongreß 1918 (Freud, 1919, S. 187) findet sich eine ähnlich allgemeine Aussage über die Abstinenz und auch eine ähnlich allgemeine Einschränkung. »Unter Abstinenz ist aber nicht die Entbehrung einer jeglichen Befriedigung zu verstehen – das wäre natürlich undurchführbar – auch nicht, was man im populären Sinne darunter versteht, die Enthaltung vom sexuellen Verkehr, sondern etwas anderes, was mit der Dynamik der Erkrankung und der Herstellung weit mehr zu tun hat.« (Wir sollten, nebenbei bemerkt, sehen, wie häufig der Verzicht in bezug auf sexuellen Verkehr nicht beachtet wird; s. Eissler [1958]; auch Scheunert [1961].) Es folgt eine kurze Passage, die relativ einfach klingt, aber im Hinblick auf die aufgestellte Regel recht komplexe Argumente enthält. Die Symptome werden einerseits als Ersatzbefriedigungen angesehen, andererseits als die zur Heilung drängende Triebkraft, weshalb es notwendig sei, neue Entbehrungen aufzurichten, wenn die Symptome zu schnell verschwinden. (»So grausam es klingt, …«) der Analytiker muß vom Patienten nicht nur verlangen, auf schädliche oder gefährliche Befriedigungen oder Lösungen, sondern auch auf harmlose Beschäftigungen, die den Charakter voreiliger Ersatzbefriedigungen haben, zu verzichten. Schließlich muß der Analytiker Übertragungsbefriedigungen versagen, die der Patient an die Stelle seiner Neurosen zu setzen versucht. (»Es ist zweckmäßig, ihm gerade die Befriedigungen zu versagen, die er am intensivsten wünscht und am dringendsten äußert.«) Aber auch hier eine charakteristische Einschränkung: »Einiges muß man ihm ja wohl gewähren, mehr oder weniger, je nach der Natur des Falles und der Eigenart des Kranken. Aber es ist nicht gut, wenn es zu viel wird.«

Was den Chirurgen als Modell angeht, so empfiehlt Freud seinen Kollegen, »sich während der psychoanalytischen Behandlung den Chirurgen zum Vorbild zu nehmen, der alle seine Affekte und selbst sein menschliches Mitleid *beiseite drängt* und seinen geistigen Kräften ein einziges Ziel setzt: die Operation so kunst-

27

gerecht als möglich zu vollziehen.« Nach einer Warnung vor einem therapeutischen Ehrgeiz, der andere beeindrucken will, fährt Freud fort: »Die Rechtfertigung dieser vom Analytiker zu fordernden Gefühlskälte liegt darin, daß sie für beide Teile die vorteilhaftesten Bedingungen schafft, für den Arzt die wünschenswerte Schonung seines eigenen Affektlebens, für den Kranken das größte Ausmaß von Hilfeleistung, das uns heute möglich ist.« (1912b, S. 380f.; Kursivierung L. St.)

Die »Spiegel«-Analogie findet sich in derselben Abhandlung. Sie richtet sich gegen den Arzt, der Widerstände des Patienten zu überwinden versucht, indem er ihm »Einblick in die eigenen seelischen Defekte und Konflikte gestattet, ihm durch vertrauliche Mitteilungen aus seinem Leben die Gleichstellung ermöglicht.« Freud rückt diese Technik in die Nähe von Suggestionsbehandlungen und weist auf ihre technischen Risiken hin, um dann festzustellen: »Der Arzt soll undurchsichtig für den Analysierten sein und wie eine Spiegelplatte nichts anderes zeigen, als was ihm gezeigt wird.« (1912b, S. 384.)

Wenn wir uns die Äußerungen über Abstinenz genau ansehen, finden wir, abgesehen von quantitativen Mehrdeutigkeiten bei den »Ausnahmen«, wenig, woraus sich ableiten ließe, was nun dem Patienten erlaubt oder gegeben werden darf. In dem Budapester Vortrag (1919) beziehen sich die negativen Äußerungen über sexuellen Verkehr offensichtlich auf eine außeranalytische Befriedigung, während der weniger deutliche und umfassende folgende Ausdruck (»etwas anderes,

28

was mit der Dynamik der Erkrankung und der Herstellung weit mehr zu tun hat«) sich in erster Linie auf die Übertragungssituation zu beziehen scheint. Der sich anschließenden kurzen Erläuterung zufolge muß im Interesse des Vorantreibens des psychoanalytischen Prozesses praktisch jede Befriedigung, die sich als ein Ausweichen vor dem unbewußten Konflikt auffassen läßt, verwehrt werden. (Vorzeitigkeit ist die einzige nähere Bestimmung.) Obgleich diese verbietende Formulierung natürlich noch eine Diskussion und bestimmte Einschränkungen zuläßt, vor allem im Hinblick auf ihre praktische Anwendung,[10] sind die positiven Empfehlungen als solche – in ihrem umfassenden Charakter, wenn nicht in ihrer Bestimmtheit – keineswegs mehrdeutig.

Im Zusammenhang der Analogie mit dem Chirurgen möchte ich die Aufmerksamkeit auf den Ausdruck »beiseite drängen« lenken, und zwar auf seine Implikation, daß bestimmte sympathetische Einstellungen zwar bestehen, aber den Erfordernissen des kunstgerechten technischen Vorgehens untergeordnet werden müssen. Ich sehe indes keinen Grund, diesen Sachverhalt als Direktive für die allgemeine persönliche Haltung zu verstehen. Spezifisch anwendbar wäre sie allenfalls auf das einzige Skalpell des Analytikers, seine Deutungen, die zuweilen in der Tat schmerzlich sein können. »Die Rechtfertigung dieser vom Analytiker zu fordernden Gefühlskälte« enthält eine Aussage, die mit jener Seite psychoanalytischer Praxis (den Nöten und Schwächen des Analytikers) zusammenhängt, von der in der für ihn charakteristischen Offenheit zu sprechen Freud sich niemals gescheut hat, gleichgültig, ob es um das Honorar ging oder darum, den ganzen Tag angestarrt zu werden, oder um weniger spezifische emotionale Risiken im Leben des Analytikers. Wahrscheinlich herrscht nicht einmal über diesen (ersten) Aspekt der »Rechtfertigung« allgemeine Übereinstimmung; eine zureichende Diskussion dieses Punktes würde uns jedoch zu weit von unserem Thema wegführen. Wie das chirurgische Modell ist auch die »Spiegel«-Analogie der Interpretation offen, und die Interpretation ist von erheblicher theoretischer und praktischer Bedeutung. Obwohl diese Analogie fraglos eine Verallgemeinerung von eindrucksvoller Klarheit ist, muß man doch festhalten, (1) daß sie ihren Ursprung in der Zurückweisung einer bestimmten hypothetischen Behandlungstechnik hat (wie oben schon erwähnt);[11] und (2) daß sie, wollte man sie in einem wirklich allgemeinen und buchstäblichen Sinne auffassen, einen unlösbaren und mit der eigentlichen Natur der Psychoanalyse unvereinbaren Widerspruch enthalten würde. Denn in alle Deutungen des Analytikers geht seine *eigene* psychische Aktivität ein, die zur subjektiven Transformation dessen führt, was in den Äußerungen des Patienten zwar latent oder implizit enthalten ist, sich in den manifesten Inhalten jedoch anders darstellt. Im gleichen engen figurativen Bezugsrahmen könnte man, häufigen Patiententräumen folgend, sagen, daß das Bild eines Röntgenfilms, der aufgenommen, entwickelt und dem Patienten erklärt wird, dem wirklichen Sachverhalt näherkommt. Es erscheint daher durchaus sinnvoll anzunehmen, daß Freud hier zwei Dinge im Sinn hatte: (1) das eigentliche langfristige Ziel der Analyse, d. h. dem Patienten sein unbewußtes seelisches Leben zu erhellen, was etwas anderes ist, als ihm die (persönlichen) Inhalte der Psyche des Analytikers zu offenbaren; und (2) die praktische Tatsache, daß dieses letztere Verfahren dem eigentlichen Ziel der Analyse in den meisten Fällen und auf lange Sicht zuwiderläuft. Nichts deutet darauf hin, daß in dieser Empfehlung »Gefühlskälte« oder »Leblosigkeit« beschworen würden; sie hat rein kognitiv-kommunikative Bedeutung.[12]

Im Hinblick auf die von Freud selbst genannte Art von Einschränkung pflegen Autoren, die sich mit der psychoanalytischen Situation beschäftigen, einerseits die von uns wörtlich oder inhaltlich angeführten positiven Vorschriften hervorzuheben und andererseits regelmäßig nähere Bestimmungen einzuführen, die auf die Notwendigkeit einer grundsätzlich freundlichen oder »humanen« Haltung des Analytikers hinweisen, auf die es nicht nur in Fällen schwerer Krankheit oder bei anderen außergewöhnlichen Umständen ankomme, wo die Bedeutung der persönlichen Haltung seit langem und allgemein anerkannt und in beträchtlichen technischen Variationen berücksichtigt sei. Grad und Stärke dieser Einschränkungen hängen von den allgemeinen Überzeugungen und dem persönlichen Hintergrund des Autors ab. So betont Lorand (1946) die Notwendigkeit einer grundsätzlich sympathetischen Haltung stärker und ausdrücklicher als andere. Indes bleibt das Zusammenspiel und das Verhältnis der beiden Grundeinstellungen (Gefühlskälte und Sympathie) im allgemeinen unerklärt und dunkel. Nach meinem Eindruck hat der bisher unzureichend gelöste Widerspruch zwischen den beiden Erfordernissen dazu geführt, daß Gruppen oder einzelne dazu tendieren, dem einen oder dem anderen Pol größeres Gewicht beizumessen. Im Bereich meiner Beobachtungen als Student, praktischer Arzt und Lehrer in einem hauptsächlich von Regeln der klassischen Psychoanalyse bestimmten Milieu sind bisher zweifellos – zumindest was das didaktische Prinzip angeht – die Folgerungen aus den grundsätzlichen positiven Vorschriften Freuds dominant gewesen, nicht die Folgerungen aus seinen Einschränkungen. Daß in den letzten Jahren die »humane« Seite der widersprüchlichen Erfordernisse wachsendes Interesse und erhöhte Aufmerksamkeit gefunden hat, macht es nur um so wichtiger, die einander widerstreitenden Forderungen an den Analytiker genauer zu untersuchen und ihre Klärung voranzutreiben, wie klein und vorsichtig der einzelne Schritt auch sein mag.[13] Selbst ein (in diesem Falle sich anbietender) Standardbegriff wie »wohlwollende Neutralität« ist kaum eindeutig. Und auch im Begriff der »sympathetischen Neutralität« von Greenson (1958) ist die Mehrdeutigkeit keineswegs aufgelöst.

Die frühe Auffassung der psychoanalytischen Situation tendierte zu einer extremen Version des Konzeptes,[14] die – abgesehen von der Aufgabe der Deutung

– jegliches Eingreifen des Analytikers in das Leben des Patienten ablehnte. Das bedeutete sogar, daß ärztliche Reaktionen auf oder Interesse an symptomatischem Leiden als solchem oder Sorge um die Dauer der Behandlung oder andere Dinge, die gewöhnlich zur Routine medizinischer Überlegungen gehören und für den gesunden Teil der Persönlichkeit eines Patienten natürlich von außerordentlicher Bedeutung sind, ausgeschlossen waren. »Analysieren« oder ein gleichwertiger Ausdruck wurden zu einer Art Losungswort oder Slogan für die Bestimmung und Umschreibung der Funktion des Analytikers und – implizit – oft auch seiner persönlichen Haltung. Der Einfluß dieses Trends läßt sich noch heute in der Arbeit mit Ausbildungskandidaten beobachten, obwohl bedeutsame (manchmal offenkundige) Einschränkungen nicht nur Gegenstand von Schriften, sondern auch der Lehre sind. Der Einfluß zeigt sich auch, manchmal explizit, in den Erwartungen »informierter« Patienten. Wir haben einige Beispiele von Freuds eigenen Einschränkungen erwähnt. In einem relativ neuen Beitrag spricht Loewenstein (1958a) von der »*Herstellung einer Anfangsbeziehung* [Hervorhebung von Loewenstein] (bei Beginn der Übertragung): zuhören, verstehen, *Hoffnung auf Linderung des Leidens geben*« [Hervorhebung vom Verfasser]. Ähnliche, höchst vorsichtige und unbestimmte, auf Ergänzung angelegte Bemerkungen lassen sich in der Panel Discussion (1956) über Übertragung, auch bei Waelder (1956) und Hoffer (1956) finden. Selbst in Kubies Buch (1950), in dem auf das »analytische Inkognito« besonders starker Nachdruck gelegt wird – und das einen großen Einfluß auf junge Ärzte und interessierte Laien ausgeübt hat –, erscheinen die Adjektive »freundlich« oder »ruhig und freundlich«. Gleichwohl pflegen intelligente und ihrer Natur nach freundliche junge Kollegen sich vor einem passenden Wort des Mitleids oder einer freundlichen Nachfrage (z. B. im Zusammenhang mit Tod, schwerer Krankheit oder anderen Unglücksfällen) oder vor dem Aussprechen von Glückwünschen (wie anläßlich einer Heirat, des Empfangs hoher Ehren usw.) häufig weit mehr zu fürchten als vor einer äquivalenten verbalen Aggression. Dies letztere mag ein großer Fehler sein, das erstere ist ein Tabu. In welchem Maße dies die Folge rhetorischer Überbetonung in Schriften und in der Lehre ist oder Ausdruck der zweiten Phase (Ferenczi, 1919a) der allgemeinen Gegenübertragung oder der in einem wissenschaftlichen Zeitalter offenbar unvermeidlichen Wirkung eines schematischen Konzeptes einer spezifischen Form menschlicher Beziehung, ist nicht immer deutlich. In einem solchen schematischen Konzept ist Aggression, die mit der Idee der Abstinenz eher in Einklang steht als Liebe, für das Schema weniger störend. Es gibt jedoch auch einen historischen Faktor, der Beachtung verdient. Wenn das, was als eine Überintellektualisierung des analytischen Prozesses und als übermäßige Zurückhaltung des Analytikers empfunden wurde, die Reaktion von Ferenczi und einigen seiner Anhänger mitbedingt hat, ist es ebenfalls wahrscheinlich, daß die Tendenzen zu radikalen Modifikationen der psychoanalytischen Situation und der psychoanalytischen Techniken in späterer Zeit (insbesondere von Alexander und seinen Mitarbeitern, 1946) bei denjenigen intellektuelle und wissenschaftliche Reaktionen hervorgerufen haben, die von dem höheren Wert der klassischen Methoden überzeugt sind. Diese formalistischen Reaktionen (eine Art von psychoanalytischem Neoklassizismus) manifestieren sich in bestimmten übermäßig pedantischen Haltungen jüngerer (und manchmal auch älterer) Analytiker. Die Rigidität jüngerer Kollegen geht nach meiner Beobachtung in den meisten Fällen weit über die Strenge hinaus, die sich in der Praxis der meisten älteren Analytiker (konservativer Überzeugung) zeigt, eine Rigidität, die bei weitem nicht annähernd so großen Spielraum für Variationen von Technik und Haltung zuläßt, wie er in den Antworten auf den Fragebogen von Glover (1938) zutage getreten ist. Ein weiterer historischer Faktor, der mit dem eben erwähnten eng zusammenhängt und zu ähnlichen nicht beabsichtigten Nebenfolgen führen kann, ist die rapide Entwicklung einer auf psychoanalytischen Prinzipien beruhenden »Psychotherapie«. Vergegenwärtigen wir uns z. B. den feinen Unterschied in der Betonung des »erzieherischen« Faktors in der Analyse, wie er (beiläufig) in Waelders Abhandlung von 1937 (S. 465f.) und in seinem Buch von 1960 zum Ausdruck kommt. Es handelt sich hier um eine Nuance, die zwar nicht als solche von Bedeutung ist, aber im Laufe der Zeit zu einer festen Regel werden kann. Freud hat schon vor langer Zeit

(1919) gesehen, daß manche analytische Patienten auch einer gewissen »erzieherischen« Hilfe bedürfen. Freuds Prinzip, Erziehung auf ein Minimum zu beschränken, wird wohl kaum jemand in Frage stellen wollen, ebensowenig wie die Regel, daß der Analytiker nicht versuchen sollte, Lebensform oder Wertsystem des Patienten zu ändern. Ferner gibt es keinen Zweifel am Primat der Deutung unter den analytischen Techniken; alle übrigen sind ihr nachgeordnet. Indes ist es wichtig zu erkennen, wie Bibring (1954) es in seiner sorgfältigen klassifikatorischen Abhandlung tut, daß bis zu einem gewissen Grade praktisch alle psychotherapeutischen Techniken in die analytische Arbeit eingehen können. (Suggestion und Klärung werden genannt, häufiger als »Erziehung«. Selbst »Manipulation« erhält eine Funktion, allerdings in einem streng definierten Sinne, unter Ausschluß von »groben Formen« wie Ratschläge, Führung »und ähnliche Formen, die das Leben des Patienten lenken«.) Außerdem möchte ich betonen, daß das Versäumnis, in kritischen Phasen Hilfstechniken anzuwenden, ebenso verhängnisvoll sein kann wie der Versuch, sie – absichtlich oder unabsichtlich – an die Stelle der grundlegenden Werkzeuge psychoanalytischer Arbeit zu setzen. Diesen Hilfstechniken muß man m. E. auch solche »Kunstfehler« zurechnen wie Ermutigung, Beruhigung und – unter besonderen Umständen – vielleicht auch einen dringend notwendigen Rat (der dem Patienten in keiner Weise die Verantwortung für sein Leben abnimmt). Es gibt Situationen, in denen es nicht genügt zu deuten, warum ein Patient sich nicht körperlich untersuchen läßt oder sich nicht um Empfängnisverhütung kümmert. In diesem Zusammenhang muß auch gesagt werden, daß erwachsene und intelligente Patienten – nicht »borderline«-Fälle – unter dem Eindruck klinischer Neurosen und bei Veränderungen der Lebensumstände häufig in ihrer Fähigkeit zur Realitätsprüfung, in ihrem Urteilsvermögen sowie aufgrund merkwürdiger Lücken in ihrem Wissen beeinträchtigt sind und daß der Analytiker in solchen Fällen seiner Verantwortlichkeit für die minimale, manchmal indirekte, aber oft entscheidende Hilfe, die über die reine Deutung hinausgeht, nicht ausweichen kann, da der Patient diese Hilfe oft nirgendwo sonst finden kann. An den eigentlichen Zwecken, Zielen und Proportionen festzuhalten (Stone, 1954 b) ist eine Sache; Techniken, die sich für die Erreichung dieser Ziele als notwendig erweisen können, durch ein allmählich, wenn auch unmerklich wachsendes historisches Vorurteil in eine Art von intellektuellem Getto zu verweisen, eine ganz andere. Ich glaube, es besteht berechtigter Zweifel daran, ob die Analyse sich *ausschließlich* auf der Grundlage von Techniken oder anderen äußerlich beschreibbaren Elementen definieren und von anderen Methoden unterscheiden läßt. Aber das ist ein Thema für eine gesonderte Diskussion.

Freud war in erster Linie darum besorgt, seine Arbeit von der »Suggestion« zu unterscheiden; inzwischen ist mit der Verbreitung und der allgemeinen Anwendung psychoanalytischen Wissens die Frage der Abgrenzung sehr viel komplizierter und subtiler geworden. Es sind zwei Antworten auf diese Frage gegeben worden: die eine Seite (vgl. z. B. Alexander, 1956; Alexander et al., 1946) hat das Konzept der Psychoanalyse in extremem Maße ausgeweitet, die andere hat eine immer strengere Abgrenzung vorgenommen. Ich habe mich an dieser Diskussion beteiligt (1951). Diese Überlegungen machen die spezifische wissenschaftliche Frage, der ich mich in dieser Studie widme, natürlich nicht gegenstandslos. Sie machen historische Zwänge deutlich, welche die Polarisierung der verwickelten und widersprüchlichen Erfordernisse begünstigen, denen der Analytiker sich stellen muß und für die er, so weit es irgend möglich ist, eine wissenschaftliche Lösung oder wenigstens eine Klärung der grundsätzlichen Schwierigkeit suchen muß.

Wir müssen uns freilich auch mit den absurden Mißdeutungen, Übertreibungen oder anderen Mißbräuchen des »Spiegel«-Konzepts, denen schwer zwangshafte oder labile Persönlichkeiten anhängen, indem sie dieses Konzept als Rationalisierung für passive Grausamkeit benutzen oder es in unkritischer Begeisterung als den Buchstaben des Gesetzes ansehen, ebenso auseinandersetzen wie mit der irregeleiteten allgemeinen Kritik, die von diesen Mißbräuchen hervorgerufen worden ist. Diese Punkte bilden jedoch nicht das Hauptinteresse unserer Überlegungen. In einem Versuch, die kontrapunktische Natur der psychoanalytischen Beziehung deutlich zu machen, habe ich andernorts (1954 b) kurz ausgeführt, daß die psychoanalytische Haltung sich von *beiden* Seiten am besten als ein *technisches* Instrument begreifen läßt, vermittels dessen ein interessierter Arzt seinem Patienten am ehesten helfen kann. (Dies gilt gleichermaßen für die Struktur der Situation insgesamt, kommt also der Bedeutung von Freuds »chirurgischem« Modell, wie ich es auffasse, sehr nahe.) Ohne Zweifel wird ein solches Verständnis der Situation dem Patienten oder – genauer – den gesunden Teilen seiner Persönlichkeit, an die wir uns in erster Linie wenden müssen (oder sollten!), eher akzeptabel erscheinen als der Glaube, daß der sonst fehlbare Mensch, dem er sein gesamtes seelisches und emotionales Leben anvertraut, so ausgebildet worden ist, daß er mit Perfektion als Skalpell oder teilnahmsloser Spiegel funktioniert. Ich spreche vom gesunden Teil der Persönlichkeit des Patienten, weil bestimmte Patienten aufgrund einer voranalytischen Unterrichtung sich lieber an das Trugbild des mechanistisch-rationalistischen Ideals anklammern, das gleichzeitig als falsch empfunden werden *muß*, als die vernünftige, wenn nicht unanfechtbare Annahme zu *wagen*, daß man sich auf jeden wahren Analytiker als im Grunde tolerant und verständnisvoll verlassen kann, weil er sich in seiner Aufgabe emotional und intellektuell engagiert und über ein reifes Verständnis menschlichen Leidens verfügt, gleichgültig, *wie* seine Gefühle in bestimmten unmittelbaren Situationen auch schwanken mögen. Einer meiner Patienten litt sichtlich unter seiner Unschlüssigkeit, etwas zu sagen. Plötzlich entspannte er sich mit einem Seufzer der Erleichterung, meinte: »Schließlich sind Sie ja nur ein Spiegel«, und wollte zu sprechen beginnen. In unerschrockener Bilderstürmerei (den Spiegel schonend?) sagte ich ihm ruhig, ich sei *kein* Spiegel, sei aber sicher, daß er mir trotzdem – und zwar seiner eigenen Absicht gemäßer – mitteilen könne, was ihn belaste, weil er wisse, daß er mir vertrauen könne. Beim Sprechen fühlte er sich nun natürlich weniger behaglich, als er es sich gewünscht hatte, aber die Situation gewann stärker den Charakter einer menschlichen Beziehung und brachte einen unmittelbaren Gewinn im Kampf gegen die schützende Pseudoentfremdung, die sein Leben (und seine anfänglichen Reaktionen in der psychoanalytischen Situation) bestimmte.

Bevor ich fortfahre, scheint es mir angebracht, darauf hinzuweisen, daß diese aphoristischen technischen Anweisungen hinsichtlich der Teilnahme des Analytikers, wie sehr sie auch Gegenstand der Interpretation oder der Mißdeutung sein mögen, zumindest in einem anfänglichen und schematischen Sinne, in relativer »Reinkultur«, eine tragfähige Grundlage für unser Wissen von der Übertragung und der Übertragungsneurose, die im Mittelpunkt unseres Konzeptes vom analytischen Prozeß stehen, gebildet haben. Richtig verstanden, stellen sie darüber hinaus immer noch den besten kurzgefaßten und in sich kohärenten Aussagekomplex darüber dar, wie die Situation am besten zu gestalten ist, um die dynamischen Beziehungen in vorhersagbarer Weise zu aktivieren und zu modifizieren. Wenn die Abstinenzregel auch qualitativ oder quantitativ modifiziert werden mag, sie behält eine unentbehrliche und spezifische Funktion (vgl. z. B. Scheunert, 1961). Doch auch wenn wir diese Anweisungen in ihrer vernünftigsten Form akzeptieren, behält begründete Kritik ihr Recht. Ich meine, wir sollten uns bestimmten wichtigen, wenn auch manchmal einfachen Fragen nach der traditionellen analytischen Situation stellen, wie sie gewöhnlich interpretiert und verstanden wird. Unsere historisch-wissenschaftliche Schuld ihr gegenüber ist unermeßlich, so daß sie unsere fortwährende wissenschaftliche Aufmerksamkeit »verdient«. Darüber hinaus haben wir die Verpflichtung, ihre weitreichenden Vorzüge, die bestehen bleiben, auf therapeutischer wie auf wissenschaftlicher Ebene maximal zu entfalten.

Das Konzept der Neutralität und Objektivität des Analytikers hängt eng mit seiner symbolischen Anonymität (oder seinem »Inkognito«, wie Kubie [1950] und andere lieber sagen) zusammen. Ich meine damit das Zurückhalten von Informationen über sich selbst, seine Familie, seine Interessen, Ansichten, Tätigkeiten usw. und vor allem natürlich seiner spezifischen persönlichen Reaktionen auf den Patienten. Die verschiedenen Überlegungen sind weder von gleicher Wertigkeit noch von gleicher emotionaler oder intellektueller Überzeugungskraft, was ebenso für andere Elemente der allgemeinen Situationsstruktur gilt. So mag es einem intelligenten Patienten relativ leicht fallen, das äußere Arrangement der Analyse und die Festlegung eines Zeitplans als technische Notwendigkeiten zu akzeptieren. Hingegen glaube ich nicht, daß ein Patient *jemals* – außer in einem pathologischen Sinne – auch nur die Möglichkeit (ganz zu schweigen von der Tatsache) akzeptieren kann, daß der Analytiker am Verlauf seines Lebens oder seiner Krankheit überhaupt nicht interessiert ist.[15] Daß ein solches Interesse im Verlauf der Analyse aus technischen Gründen (die mit den normalen Fluktuationen von Übertragungsaffekten zusammenhängen) nicht ausgedrückt wird, *kann*, wenn auch nicht immer bereitwillig, akzeptiert werden, obwohl dies beide Seiten manchmal vor größere Schwierigkeiten stellt als das äußere Arrangement. Seine theoretisch-technische Rechtfertigung, d. h. das Vakuum, das es für Übertragungsphantasien bereitstellt, erscheint im Lichte unserer gegenwärtigen Interpretation der analytischen Situation als sehr gut gesichert. Das gleiche gilt für die Frage, ob der Analytiker dem Analysanden seine spezifischen persönlichen Reaktionen auf ihn, d. h. auf ihn als Individuum, nicht als Patienten, zu erkennen geben soll, eine Frage, die für den Analysanden oft ein brennend akutes Problem darstellt.[16] Diesen beiden eng miteinander zusammenhängenden Regeln eignet ein hoher Grad der Anwendbarkeit; man *kann* zumindest die *explizite* und *manifeste* Kommunikation seiner Ansichten und Gefühle kontrollieren.[17] Im Hinblick auf Einzelheiten über das Leben des Analytikers stellt sich die Frage, wie wirksam bestimmte grobe Informationen unterdrückt werden *können* (abgesehen von den Dingen, die sich im Sprechzimmer leicht erkennen oder erschließen lassen), ohne den Patienten, dessen Mitarbeit manchmal durch pathologische oder pathogene Vermeidungsreaktionen kompliziert wird, zu überfordern oder (in selteneren Fällen) verzerrte detektivhafte Neugier hervorzurufen. Die normalen Zufälle des Lebens, die Vertraulichkeiten von Hausangestellten, gesellschaftlicher Umgang, professionelle Versammlungen und Veröffentlichungen, manchmal auch (wenn sein Leben stärker im Lichte der Öffentlichkeit steht) Zeitungen, liefern eine Überfülle an interessanten Daten über den Analytiker, wenn sie auch nicht immer richtig oder objektiv oder vollständig sind. In kleineren Städten kann die direkte Beobachtung des Analytikers zum Alltagsleben gehören. Mit anderen Worten, das ungetrübte, dem Ergebnis eines Rorschachtests vergleichbare Bild des Analytikers (ganz zu schweigen von der »leeren Leinwand«) kann – mit äußerst seltenen Ausnahmen – nicht einmal annäherungsweise erreicht werden. Daher sind wir zunächst mit der Frage konfrontiert, ob ein zweifellos fragmentarisches und gewöhnlich etwas entstelltes, vielleicht (nicht selten) grob verzerrtes Bild des Analytikers tatsächlich eine bessere technische Basis für Übertragungsphantasien darstellt als ein natürlich gezeichnetes Bild des Analytikers, wie er wirklich ist, begrenzt durch sein eigenes Urteil, durch legitime persönliche Zurückhaltung oder auch durch seinen Sinn für das Angemessene im Hinblick auf die im wesentlichen berufliche Beziehung. Es ist klar, daß diese letztere Alternative sofort eine Reihe von Problemen aufwirft, die indes nicht unbedingt von unüberwindlicher Größe sind. So mag sicherlich wertvolles

Phantasiematerial verlorengehen, wenn Fragen unmittelbar beantwortet werden; es gibt keinen Grund, warum der Analytiker nicht in jedem Falle auf *anfänglicher* »Entbehrung« in dieser Hinsicht bestehen sollte, wobei die Dauer ebenso in seinem Ermessen steht, wie er entscheiden muß, *welche* Fragen überhaupt beantwortet werden sollten. Zweifellos gäbe es auch ernste Probleme, wollte man wesentliche Veränderungen im technischen Ablauf einführen, welche die freie Assoziation als solche oder die allgemeine Spannung im Hinblick auf Phantasiebildung beeinträchtigen. Formale Innovationen dieser Art, das möchte ich ausdrücklich hervorheben, habe ich nicht im Sinn. Indes gibt es in jeder Analyse Unterbrechungen in der freien Assoziation (oder es sollte sie geben); ferner gibt es Fragen, die beantwortet werden *müssen*; und es gibt Fragen, die eine Entscheidung verlangen. Ich meine, daß Fragen der »Anonymität« zuweilen dem letzteren Komplex zugeordnet werden sollten. Ferner stellt sich die Frage, welche Grenzen sich im Prinzip errichten ließen, wenn das einfache und klare ursprüngliche Verbot (wie es gewöhnlich aufgefaßt und weitgehend praktiziert wird) aufgehoben würde – ein zugegebenermaßen schwieriges Problem. Schwierigkeiten (innerhalb bestimmter Grenzen) bedeuten aber alles andere als Kontraindikationen. Die übermäßig schematisierten Prinzipien des analytischen Verhaltens, denen viele folgen (oder die vielleicht konstruiert werden!), haben zu oft als Ersatz für die Last schwierigen selbständigen Urteilens und heikler Entscheidungen gedient.[17] Wir müssen erkennen, daß es auch in dieser Sphäre immer individuelle Variationen, Ausnahmen und *Launen* gegeben hat, gemessen am schematischen Ideal der Anonymität. (Dasselbe gilt zweifellos für bestimmte »aktive« Verhaltensweisen, wie z. B. Rat geben.) Im Rückblick bin ich von der merkwürdigen Selektivität und der manchmal farbigen Qualität der Offenbarungen verantwortlicher Kollegen (mich natürlich eingeschlossen) beeindruckt, die mir direkt oder indirekt zur Kenntnis gelangt sind. Nach meinem allgemeinen Eindruck sind sie häufig von den – manchmal relativ leichten – spezifischen Gegenübertragungen diktiert worden, die aufgrund ständiger Beanspruchung durch diffuse Kontrolle, unter dem der Analytiker gewöhnlich arbeitet, ihrerseits unter unangemessenem Druck entstanden sind. Ich halte es für wahrscheinlich, daß Grenzen bestimmt werden können, die der Komplexität und Subtilität unserer Arbeit angemessen sind und ausreichenden Spielraum für individuelle Variationen lassen. Nehmen wir an, daß wir eine adäquate bilaterale Auffassung der Anfangs- und Grundhaltung des Analytikers gegenüber seinem Patienten festgelegt haben. Wir können dann im allgemeinen die Kommunikationen eliminieren, die das persönliche Verhältnis des Analytikers zum Patienten direkt betreffen; eine solche Auslassung ist sowohl durchführbar als auch von hohem technischen Wert. Unsere grundsätzliche technische Methode schließt zielbewußte soziale Kontakte ebenso aus wie jedes andere körperliche, emotionale oder kommunikative

Verhältnis, das geeignet erscheint, die primitiven Übertragungen des Patienten zu stimulieren oder ihnen entgegenzukommen. Unsere Vertraulichkeiten sind damit näher beschrieben. Selbstverständlich bleibt das »natürliche Recht« des Arztes bestehen, Dinge zurückzuhalten, über die er aus persönlichen Gründen nicht sprechen möchte. (Dies mag ein herausfordernder »Grund« sein, aber immerhin ein besserer als die mechanische Berufung auf eine generelle Regel!) Schließlich bleibt das schon erwähnte Problem der technischen Entscheidung hinsichtlich der Aufrechterhaltung oder Unterbrechung des Flusses der freien Assoziation und der damit verbundenen komplexen emotionalen Spannungen.

Zusätzlich zur Frage der Durchführbarkeit möchte ich eine subtilere Frage in die Diskussion einführen: besetzt der Patient den Analytiker *tatsächlich* mit unverzerrter Übertragungsphantasie, wenn seine *einzige* eingestandene und ausgefüllte Identität diejenige des »Analytikers« in dem unwirklichen Sinne eines bloß zuhörenden und deutenden Apparates ist (d.h. entsprechend dem »imaginären normalen Ich« des Patienten)? Unter dem Attribut »unverzerrt« verstehe ich weitgehend quantitative Überlegungen, obwohl diese durch selektive und fokale Betonung eine qualitative Bedeutung gewinnen können. Es ist nicht allein der *gesunde Menschenverstand* der Patienten, der (abgesehen von ihren Übertragungsimpulsen) mit monotoner Beharrlichkeit gegen dieses Konzept rebelliert. Ich glaube, daß die meisten Analytiker – wenn auch

46

nicht explizit – bis zu einem gewissen Grad darin einen Trugschluß erkennen, wenn sie erst einmal ihren frühen Enthusiasmus überwunden haben. Manchmal ist diese Erkenntnis ein ängstliches, manchmal ein kühnes nonkonformistisches Zugeständnis, wie es den Gebrauch eines ungewöhnlich treffenden und eindrucksvollen Slangausdrucks oder das Eingeständnis von Vergnügen an einem sehr guten Stück Unterhaltungsmusik begleiten mag. Zu Beginn meiner Laufbahn als Analytiker berichteten gelegentlich ältere Kollegen von der Überraschung und Befriedigung ihrer Patienten, wenn diese ihre Analytiker in einer bestimmten Hinsicht (vielleicht eine unerwartete emotionale Reaktion, eine offen geäußerte Ansicht oder ein Stück unerwarteter Information) als »menschlich« empfanden – so als ob es auch für sie als Analytiker eine neue und wohltuende Erfahrung gewesen sei, Gegenstand flüchtiger Überlegung und nicht nur gründlicher Prüfung zu sein.[19] Mir scheint, daß im allgemeinen bestimmte begeisterte junge Kandidaten, etwa ein enthusiastischer Sozialarbeiter oder ein Psychologe, sich ihre Analytiker steif, rücksichtslos, distanziert, in ihren Haltungen und Praktiken ein bißchen »unwirklich« wünschen. Ältere Kollegen sprechen hingegen häufiger, oft mit glühender Zustimmung, von Eigenschaften wie Wärme, Anständigkeit, Zuverlässigkeit, Freundlichkeit und Integrität, so als ob diese Züge in der klinischen analytischen Arbeit ganz selbstverständlich und natürlich reflektiert würden. Diese Haltung haben sie oft mit Patienten gemeinsam, die

Ansichten vertreten, die im Gegensatz zu jeder Form von dogmatisch geprägter menschlicher Haltung auf scharfer Beobachtung und reifer Lebenseinstellung beruhen. In all diesem mag sich ein höherer Grad an versuchsweiser intuitiver Erkenntnis eines wichtigen latenten Systems von Tatsachen manifestieren, als es bisher in unserem wissenschaftlichen Bezugsrahmen[20] berücksichtigt wurde, selbst als Gegenstand von Untersuchungen. Die enthusiastische und engagierte Behauptung eines älteren Kollegen vor vielen Jahren, daß sein Patient dieselbe intensive Übertragungsliebe ihm gegenüber entwickelt hätte, »wenn er ein Blech-Affe gewesen wäre«, ist leider (oder glücklicherweise) schlicht falsch. Denn *alle* Patienten haben, in dem Maße, in dem sie von psychotischen Zuständen frei sind, ein starkes Bewußtsein von ihren realen und objektiven Wahrnehmungen; und das Zusammenspiel zwischen diesen und der Übertragung setzt eine minimale, wenn auch variable *Ähnlichkeit* voraus, wenn letztere wirksam mobilisiert werden soll (Stone, 1954b). Ist es einmal gelungen, die Übertragung herzustellen, so stellt sie sich nach aller Erfahrung immer als ein integriertes Phänomen dar, in das aktuelle Wahrnehmungen in unterschiedlichem Maße eingehen müssen. Der Arzt verfügt über ein beinahe einzigartiges Vermögen, eine Elternübertragung zu mobilisieren. Daß die allgemeine infantile Anlage dieser (therapeutischen) Übertragung dem wesentlichen Bedürfnis des erwachsenen Patienten in der realen und integrierten Erwachsenenbeziehung entspricht, d. h. seinem Angewiesensein auf ärztliches Verständnis und ärztliche Hilfe, verleiht der Rolle des Arztes die zugrunde liegende eindeutige und beständige, für den Analytiker optimale Identität, wie unauffällig – aus der Sicht des Patienten – diese Identität sich auch ausdrücken oder in welchem Maße ihre Verkörperung aus technischen Gründen begrenzt oder entwickelt sein mag. Dies würde bedeuten, daß angefangen von Situationen, die den Patienten diese Identität mit Gewißheit (als Bezugspunkt für seine Übertragung) erkennen und empfinden lassen, bis hin zu bestimmten Fällen, in denen sie explizit formuliert wird, die gleichbleibende Grundhaltung (vereinfacht dargestellt) folgende wäre: »Selbstverständlich habe ich Interesse an Ihnen und möchte, daß es Ihnen gut geht. Sie sind mein Patient. Ich bin Arzt, das ist mein Beruf, und Ihnen gegenüber eine bestimmte Verpflichtung eingegangen. Sie können und sollten sich jederzeit auf diese Verpflichtung verlassen, unabhängig davon, was immer *Sie* denken, fühlen oder sagen mögen. Wir arbeiten jedoch nach einer Methode, die Ihnen nach meiner Überzeugung am meisten zu helfen verspricht. Soll diese Methode ihre maximale Wirksamkeit entfalten, müssen wir beide unseren Reaktionen starke Beschränkungen auferlegen. *Wir* haben über diese Regelungen gesprochen; sollten noch einige Probleme offen sein, können wir sie erneut diskutieren.«

Diese Sätze drücken eine – vielleicht etwas naiv klingende – Grundhaltung aus, die natürlich zahllosen Varianten und Nuancen unterworfen ist, die sich in sensibel erlebten menschlichen Beziehungen manifestieren. In jedem Fall ist diese Haltung als eine einschränkende und Grenzen setzende Kraft vorhanden, die das Hilfreiche als Auftrag vorschreibt und die geringste Spur von Mißbrauch ausschließt. Innerhalb des gesicherten allgemeinen Rahmens dieser Haltung können die vielen spezifischen Subtilitäten der Übertragungsanalyse, der Wahrnehmung der Gegenübertragung, selbst die flüchtige und streng kontrollierte »Katalyse« außerordentlich nützlich sein. Ohne diesen Rahmen sind sie in Gefahr, groteske Formen anzunehmen, zu einer Art von Zirkus unbewußter Interkommunikation zu werden. Berman (1949) lehnt etwas, was dieser Grundhaltung nahekommt (obwohl aufgrund des andersartigen affektiven Untertones die Annäherung nicht allzu stark ist), als eine Form abwehrenden Ausweichens von Patient wie von Analytiker ab; er meint, daß es manchmal (allerdings »nur selten und in begrenztem Maße«) notwendig sein mag, sich verbal über seine Gefühle dem Patienten gegenüber zu äußern, um diese wechselseitige Abwehr zu durchbrechen. Ich möchte diese Frage nicht zu sehr vereinfachen; zweifellos gibt es (seltene und spezifische) Fälle, in denen sich eine ehrliche, wenn auch beherrschte und wohlerwogene Reaktion dieser Art – die in bestimmter Hinsicht der mehr ins einzelne gehenden Gegenübertragungs-»Konfession« vergleichbar ist – als notwendig erweisen mag, um die Echtheit und vitale Kraft der analytischen Situation zu bewahren, manchmal auch, um die Fähigkeit des Patienten zur Realitätsprüfung zu unterstützen oder wenigstens

50

besser zu erfassen, oder aus anderen noch subtileren Gründen. Durch zahllose auf der Hand liegende Rücksichtnahmen auf mögliche Konsequenzen werden derartige Fälle jedoch notwendigerweise stark begrenzt, und eine unterschiedslose Anwendung dieses Mittels könnte ausgesprochen destruktive Wirkungen haben. Ich glaube nicht, daß dies jemals auch für das echte ärztliche Engagement gelten könnte. Denn die ernsthaft und aufrichtig akzeptierte und befolgte ärztliche Verpflichtung ist eine Haltung, die für einen anderen Menschen von erheblicher Bedeutung ist, eine Haltung, die wirklich dauerhaft zu sein vermag, die weder dem emotionalen Leben des Patienten noch seiner Fähigkeit zur Realitätsprüfung Gewalt antut und die letztlich das, was der Patient vernünftigerweise erwarten kann oder sollte, mindestens aber das, woran er sich in den meisten Fällen anpassen muß, bestimmt und abgrenzt. Es ist ein Gemeinplatz (der Wiederholung durchaus verträgt), daß die Nuancen persönlicher Reaktionen im Verhältnis zu Patienten so mannigfaltig sind wie in allen anderen Situationen. Der Analytiker kann nicht auf alle Patienten (als erwachsene Individuen) mit positiver Begeisterung reagieren; sein Wertsystem, seine Interessen, seine allgemeine Einstellung zum Leben können von den Anschauungen vieler Patienten weit entfernt sein. Obwohl solche Dinge unvermeidlich von schwer faßbarer Tragweite sind, kann ein gewissenhafter Analytiker einen Patienten, mit dem er (unter dem Gesichtspunkt seiner allgemeinen Interessen und Vorlieben) wenig gemeinsam zu haben glaubt, dennoch wirksam behandeln, solange dieser Patient nicht etwas an sich hat, was ihn tatsächlich und unüberwindlich abstößt. Da seine eigene Persönlichkeit in weit stärkerem Maße als in anderen Zweigen der Medizin in seine Arbeit einbezogen ist, wird er im letzteren Fall schwerlich in der Lage sein, seiner ärztlichen Verpflichtung wirklich nachzukommen. Das leidende Kind im Patienten kann (in einem gewissen Sinne) wahrscheinlich immer aufgrund der elterlichen Komponente, die einen entscheidend wichtigen (positiven) Faktor in der Identität des Arztes bildet, geliebt werden. Aber es ist eine unumgängliche Tatsache, daß Patient und Arzt oder Kind und Eltern nicht die einzigen Faktoren in der Identität des Patienten bzw. des Arztes sind; die zusätzlichen Faktoren können von großer Bedeutung sein. Sobald die ärztliche Haltung – im Verhältnis zu anderen Elementen – stark und lebensfähig ist, wird sie, glaube ich, den Erfordernissen der meisten Übertragungskrisen gewachsen sein. Wo andere (negative) Faktoren des persönlichen Verhältnisses sie überlagern, wird der Patient das in vielen Fällen spüren (es muß ihm nicht unbedingt bewußt werden) und direkt oder indirekt stärker persönlich geprägte Bestätigungen der Haltung verlangen. Er kann einen solchen Eindruck natürlich auch verleugnen oder unauffällig zum Angelpunkt einer masochistischen Bindung nehmen. Es ist besser, daß er nicht behandelt wird, als daß ihm deutlich wird, daß der Mensch, der ihn behandelt, eine Aversion gegen ihn hat, oder daß er gezwungen wird, auf dem richtigen Eindruck, daß man ihn nicht mag, eine pathologische Struktur zu errichten. (Ich spreche hier selbstverständlich von einer chronischen Haltung, nicht von Verärgerungen, die auf vorübergehende Provokationen des Patienten oder vielleicht auf bestimmte sehr spezifische Aspekte seiner Neurose zurückgehen. Solche Verärgerungen werden manchmal als Beweis für die »Menschlichkeit« des Analytikers angeführt.) Die Frage der Identität des Analytikers wird uns an späterer Stelle erneut beschäftigen.

Dieses Thema hat nicht unmittelbar mit der Frage der Anerkennung bestimmter Fakten über sich selbst zu tun, hängt aber doch damit zusammen. Denn der Arzt hat neben seiner Arbeit auch ein Leben, und der Patient weiß dies. Auch dies wird häufig mit direkten Übertragungsphantasien sowie mit den phantasierten Haltungen, die der Patient seinem Analytiker zuschreibt, in Zusammenhang gebracht. Früher oder später und in unterschiedlichem Maße wird dieses außerberufliche Leben zum Gegenstand von »Diagnose«, Meinung und Phantasie. Ob die Ergänzung der professionellen Gestalt des Analytikers durch ein bestimmtes Maß an zutreffenden Vorstellungen über sein sonstiges Leben nicht nur unschädlich, sondern in vielen Fällen durchaus hilfreich sein kann, ist eine Frage, die ernsthafte Überlegung verdient. Zunächst würde das ein geeignetes Korrektiv oder zumindest einen Maßstab für die eigenartigen Fehlinformationen bzw. unvollständigen oder verzerrten Informationen bedeuten, die von Analysanden so häufig selektiv erworben oder bewahrt werden und öfter Überzeugungen stützen, die hartnäckige Übertragungswiderstände bedingen, als das therapeutische Bündnis fördern; zweitens möchte ich die These vertreten, daß die regressiven Elemente in der Übertragungsneurose zufälliger Stimulierung weniger ausgesetzt und folglich deutenden Eingriffen eher zugänglich sind, wenn gewöhnliches Neugierverhalten nicht *überflüssigerweise* und systematisch frustriert wird, als wenn dies geschieht. Darüber hinaus wird – in dem oben erwähnten Sinn hinsichtlich des Objekts-als-bloßer-Zuhörer-und-Deuter – der allgemeine innerpsychische Druck, sich eine Person zu schaffen, ein völlig aus der Luft gegriffenes intelligibles Objekt (als Alternative zu einem reinen »Abfuhr«-Objekt), vermindert. In manchen Fällen können Analytiker unbewußt bestrebt sein, ein solches Abfuhrobjekt zu repräsentieren. Der Begriff »Objekt« ist vielleicht ebenso wie »Widerstand« und einige andere wesentliche Begriffe unseres Vokabulars unglücklich gewählt; ich halte es jedoch für weniger wichtig, Wörter auszutauschen, als zu vermeiden, daß sie einen unmerklichen Einfluß auf unser Denken – und Fühlen – haben. Mit »zufälliger Stimulierung« der regressiven Elemente in der Übertragungsneurose meine ich das Maß an Frustration, das den Sinn des Ichs für vernünftige Zweckmäßigkeit und/oder seine Fähigkeit zu adäquater Anpassung in der analytischen Situation überfordert. Die daraus resultierende sich vertiefende oder progressive Infantilisierung der Übertragungsneurose oder ihre wachsende Ausbreitung und Hartnäckigkeit kann sich leicht »dem Dienst des Ichs« entziehen. Da solche Phänomene nicht hauptsächlich oder vorwiegend auf bestehende und genetisch frühere Konflikte zurückgehen, die aufgrund ihrer ursprünglichen und spezifischen Natur eine analytische Auflösung verlangen, stellen sie technische Probleme dar, für welche Deutung allein nicht immer ein zureichendes Mittel ist. Wir wissen, daß die Frustrationen – erotischer oder sonstiger – menschlicher Neugier nur äußerst selten total sind. Wir bedecken unsere Genitalien und den größeren Teil unseres Körpers, außer unter besonderen Umständen; unser Gesicht bedecken wir gewöhnlich *nicht*. Man kann sich die allgemeine Verwirrung und Angst ausmalen, die in der Welt der Erwachsenen (ganz zu schweigen von der Welt der Kinder) einsetzen würden, wenn wir auf diesen hoch geschätzten (wie immer unzuverlässigen) Schlüsselreiz verzichten müßten. Tatsächlich *sieht* der Patient natürlich zu Beginn und am Ende jeder Stunde unser Gesicht, das psychologische »Gesicht«, das wir gerne mit der Maske übertriebener Beharrlichkeit und übermäßigen Eifers bedecken. Überdies wird, wenn auf die unterschiedslose Unterdrückung harmloser Details zu großes Gewicht gelegt wird, nicht die Tatsache berücksichtigt, daß die echte Übertragung die Realität ihren eigenen Erfordernissen gemäß auszustatten pflegt, manchmal auf quasi-halluzinatorische Weise. Information der Art, die wir hier im Sinn haben, ist also gewöhnlich von nicht größerer oder nur wenig größerer spezifisch bestimmender Bedeutung als die äußerlichen Details, mit denen der Patient ohnehin konfrontiert ist und die er ohnehin mit seinen eigenen Interpretationen bzw. selektiven oder verzerrtenWahrnehmungen versieht. Umgekehrt gewinnt dieser Wahrnehmungsaspekt seine wirkliche Bedeutung allein aus dem ursprünglichen dynamischen Erfordernis, das ihn bedingt.[21] Daher kann nur ein Aspekt der emotionalen Haltung des Analytikers oder seines Lebens, der mit dem Strom der spezifischen dynamischen Forderungen des Patienten heftig zusammenprallt, einen bedeutsamen Einfluß auf die zugängliche Phänomenologie und somit auf die relative »Gültigkeit« der Übertragungsneurose haben. Die aktuellen Gegenübertragungshaltungen können natürlich entscheidend sein. Die manifeste Information über Tatsachen kann eine ähnliche oder gleiche Bedeutung nur dann gewinnen, wenn sie hartnäckige Phantasien zu stimulieren oder ihnen Nahrung zuzuführen vermag, die den Übertragungswiderstand unterstützen. Man kann annehmen, daß dies im allgemeinen nur auf wichtige und sehr persönliche Tatsachen aus dem Leben des Analytikers zutrifft. Als Freud das »Spiegel«-Prinzip aufstellte, dessen Anwendung eine verständliche (aber nicht wünschenswerte) Verbreitung gefunden hat, hatte er freiwillig gegebene Informationen dieser Art im Sinn (und in dieser Hinsicht stimme ich ohne Einschränkung mit dem Verbot überein). Informationen des Analytikers über seine sexuellen Gewohnheiten und Neigungen würden z. B. eindeutig dazu gehören.

Als *reductio ad absurdum:* ich glaube nicht, daß die Entwicklung der Übertragungsneurose ernsthaft beeinträchtigt wird, wenn der Patient weiß, ob man seinen Urlaub in Südfrankreich oder in England verbringt oder (lassen Sie mich einmal sehr kühn sein!) daß man vom Segeln ein bißchen mehr versteht als von Golf oder Bridge. Hingegen glaube ich, daß sie nicht selten gestört *wird*, wenn man beharrlich oder wiederholt die Antwort auf solche Fragen, über die ohnedies oft genug spekuliert wird, willkürlich verweigert, ohne einen *spezifischeren* oder *angemesseneren* Grund dafür zu haben als das allgemeine Prinzip, daß der Patient nicht alles über den Analytiker wissen darf oder daß der Analytiker keine Fragen beantwortet. Sie *kann* ernsthaft gestört werden, wenn auch nicht unbedingt zerstört, wenn der Arzt eine unvermutete (vielleicht unabsichtlich) tendenziöse Bemerkung darüber macht, wie (gut!) er in seinem früheren Leben mit einem bestimmten schwierigen Problem fertig geworden ist, das einem Problem aus dem Leben des Patienten gleicht und über dessen Lösung dieser sich schämt. Das gleiche gilt, wenn der Arzt ostentativ und wiederholt (sei es auch »objektiv«) den großen Wert hervorhebt, den er einem Element des Lebens beimißt, in dessen Genuß der Patient weder ist noch jemals kommen wird und von dessen großem Wert er seit langem und nur allzu betrüblich überzeugt ist. Auch ein wiederkehrender Tonfall oder eine sich wiederholende Nuance der Wortwahl bei der Formulierung bestimmter Deutungen können weniger konkrete und faßbare, aber nichtsdestoweniger ernstlich störende Faktoren sein. Ferner kann das subjektive Gefühl der Herabsetzung, das der Patient nicht so sehr als Reaktion auf Toleranz und Verständnis als vielmehr als Reaktion auf die absolute und überlegene Unanfechtbarkeit des Analytikers gegenüber seinen Aggressionen und seinen Kritiken verspürt, zu überflüssiger Regression führen. Mir scheint, daß viele Patienten in dieser Weise auf die »Spiegel«-Identität reagieren *müssen*, wenn in der kognitiven wie in der emotionalen Sphäre nicht direkter an narzißtische Reaktionen appelliert wird. Schließlich kann eine selektive Weigerung zu sprechen beinahe jeden destruktiven Zweck erreichen, genauso wie bestimmte Äußerungen oder Verhaltensweisen; sie kann den Patienten ernstlich entmutigen und – das ist am meisten zu beklagen – wird sich in vielen Fällen der Selbstkritik des Analytikers entziehen, gleichgültig, ob es sich dabei um eine objektive selbstbeobachtende Funktion oder um das gesunde Urteil des Gewissens handelt.

Dies führt mich zu der allgemeinen Frage *legitimer* »Übertragungsbefriedigung«. Schon dieser Ausdruck als solcher wird bei manchen Proteste hervorrufen. Gleichwohl bezieht er sich auf ein unbestreitbares Faktensystem. Es gibt gute Gründe anzunehmen, daß alles, was der Analytiker tut oder sagt, in gewisser Hinsicht auf alle topographischen Ebenen, auf die drei psychischen Strukturen, einwirkt und – in extrem unterschiedlicher und komplexer ökonomischer Verteilung – rationale und nicht rationale, allgemein übliche und infantile Strebungen befriedigt. Zu diesen Strebungen gehören natürlich vor allem die Übertragungswünsche, wie weit oder eng man diese auch auffassen mag. Wenn wir unserer Grundtechnik folgen: den freien Assoziationen zuhören und Deutungen formulieren, befriedigen wir Übertragungswünsche, handele es sich nun um einen der zahllosen möglichen archaischen Wünsche wie etwa den nach toleranter Annahme der Exkremente oder dem, Nahrung zu erhalten, oder um einen – in meiner Sicht – »reifen« Kindheitswunsch, der ein wesentliches Element für die Herstellung der analytischen Situation bildet: den Wunsch nach Toleranz und sympathetischem Verständnis, nach Hilfe bei der Bewältigung der verwirrenden und herausfordernden äußeren Welt lebender und unbelebter Gegenstände und Kräfte, sowie der Last körperlich erfahrener Schmerzen und Triebe und vor allem bei der Beherrschung und Lenkung einer dunklen und geheimnisvollen inneren psychischen Welt. Ich bezweifle, daß das rationale klinische Bedürfnis des Erwachsenen, das von unbewußten irrationalen Übertragungserwartungen und -phantasien (die Nunberg [1925] so gut beschrieben hat) gestützt wird, ohne die Hilfe dieses Elementes latenter Übertragung viele analytische Situationen gegen den Angriff ambivalenter und verletzlicher Triebforderungen und -enttäuschungen aufrechterhalten könnte. Die Befriedigung dieses »reifen« Kindheitswunsches ist – in der analytischen Situation ebenso wie in der Kindheit – eine annehmbare Form der Liebe, die in einem ökonomischen Sinne eine wichtige Bedeutung für den Antrieb zur Beherrschung nicht neutralisierter und nicht sublimierter erotischer und destruktiver Triebe haben kann – sicherlich eine der Hauptbedingungen der Psychotherapie im allgemeinen (vgl. Freud, 1915b, S. 365f.). Der ganze große Komplex der Unterweisung in den Lebenstechniken durch Erwachsene in den frühen Jahren ist darin enthalten; dabei ist natürlich auch das Erlernen der Sprache in ihrer repräsentational-kommunikativen Funktion von grundlegender Bedeutung.[22] In der psychoanalytischen Situation, in der die freie Assoziation fast ein Äquivalent des experimentellen Lallens des Kleinkindes darstellt, das klärender Deutung bedarf, findet dieser große Entwicklungszug eine potentielle symbolische Wiederholung. Da dieser relativ »reife« Kindheitswunsch (der oft als solcher erheblichen Frustrationen ausgesetzt ist) eine komplizierte Synthese psychischer Elemente – die ersten sind die Triebansprüche gegen die Eltern – darstellt, bildet er nach meiner Überzeugung einen wichtigen Teil des Übertragungskomplexes. Es kann sich dabei durchaus um eine frühe und fundamentale, biologisch determinierte Bedingung des allgemeinen »Prinzips der mehrfachen Funktion« (Waelder, 1930) handeln. Ich würde behaupten, daß diese Art von Befriedigung sich mit Gewinn bis zu ihren vernünftigen Grenzen ausdehnen läßt. Auch die *Gründe* für analytische Versagungen und Frustrationen lassen sich mit geduldiger Sorgfalt so erklären, daß sie verstanden werden. Fragen nach wichtigen Realitäten der analytischen Situation, die der

Patient sich nicht selbst beantworten kann, sollten wahrscheinlich häufiger beantwortet werden, als dies geschieht; hält man es für besser, sie nicht zu beantworten, *sollte* man sich der expliziten oder latenten Frage »Warum nicht?« stellen, es sei denn, es sprechen gute Gründe für die Annahme, die anhaltende Unwissenheit sei zweifelhaften oder unaufrichtigen Ursprungs; in einem solchen Fall ist gewöhnlich eine entsprechende Deutung oder Klärung angebracht. (Ich sehe natürlich, daß in bestimmten Fällen völliges Schweigen *ebenso* angebracht sein kann.) Wenn ich solche Dinge hervorhebe, möchte ich deutlich machen, daß in der analytischen Technik, wie streng sie auch interpretiert werden mag, ein Element enthalten ist, das unvermeidlich und legitimerweise Übertragungsbefriedigung verschafft, und daß sie außerdem Bereiche offen läßt, in denen man zwischen willkürlichem Autoritarismus[23] und auf Verständnis beruhender Verpflichtung zu rationaler Kooperation wählen kann. Abgesehen von äußerst seltenen Ausnahmen ist die Wahl der zweiten Alternative vorzuziehen.

Der ökonomische Faktor im emotional-kognitiven Austausch der Analyse läßt hinsichtlich der Tiefe der Übertragungsregression, zumindest der Intensität und des Grades der Primitivität der in der Übertragung frei werdenden Triebansprüche, einigen Spielraum. Obwohl ich nicht glaube, daß diese Phänomene sich an bestimmten Punkten einer individuellen Analyse durch einfache quantitative formalistische Kunstgriffe (vgl. Alexander et al., 1946) kontrollieren lassen, bin ich doch der Meinung, daß die allgemeine Neigung zur Übertragungsregression beeinflußt werden kann. Freud hat die Notwendigkeit einer solchen »Regulierung« gesehen und formuliert. Im *Abriß* heißt es z. B.: »Und damit [der Patient] nicht in einen Zustand gerate, der ihn unzugänglich für alle Beweismittel macht, sorgt man dafür, daß weder die Verliebtheit noch die Feindseligkeit eine extreme Höhe erreichen.« (Freud, 1938b, S. 102.) Diese Formulierung ist das positive Gegenstück zu Freuds verschiedenen früheren Äußerungen hinsichtlich der vagen, aber notwendigen Begrenzungen der Frustration. Der vorgeschlagenen Methode mangelt es jedoch – wie den meisten Empfehlungen von »Ausnahmen« oder »Einschränkungen« – an der Kraft und Klarheit positiver klassischer Regeln: »Man tut dies, indem man ihn frühzeitig auf diese Möglichkeiten vorbereitet und deren erste Anzeichen nicht unbeachtet läßt.« (Freud, l.c.) Wäre die frühere Bemerkung nicht mehrdeutig formuliert, so könnte der erste Teil dieses Satzes in der Tat als ein Widerspruch zu der Äußerung in den ›Bemerkungen über die Übertragungsliebe‹ (1915a, S. 309) angesehen werden. Menninger (1958) arbeitet die entscheidende Rolle der »Regression« deutlich heraus, betont die grundlegende Bedeutung der Abstinenzregel, anerkennt jedoch auch wiederholt die Gefahren übermäßig strenger Frustrationen. Seine Empfehlungen, solche Übertreibungen zu vermeiden, entsprechen in ihrer relativen Mehrdeutigkeit indes der klassischen Tradition. Im Abschnitt über die ›Eingriffe des Therapeuten‹ kehrt Menninger zu diesem Problem zurück und spricht vom Wert nicht-spezifischer Evidenzen für die »Gegenwart« des Analytikers; er schließt: »Alles, was [der Patient] braucht, sind gewisse Anzeichen dafür, daß der Analytiker ihn in einem gewissen Maße anerkennt, anerkennt, was er sagt, und ihn trotz seiner Zudringlichkeiten und Schwächen ein bißchen mag.« Waelder schließt effektiv jegliche Befriedigung aus (»die über ein Minimum hinausgeht, das für die Fortsetzung der analytischen Behandlung notwendig sein mag« [1960, S. 239]). Wir müssen jedoch sehen, daß auch ein äußerster Mangel an Befriedigung (abgesehen von dem Bedürfnis zu leiden) bestimmte Patienten zur Fortsetzung der Behandlung motivieren kann. Der zuletzt zitierte Autor, der in diesem Zusammenhang der traditionellen Darstellungsweise folgt, spricht von den starken emotionalen Anforderungen, die bei der Behandlung von Psychosen (unter dieser Überschrift, S. 233) gestellt werden können, und bemerkt, daß diese Anforderungen »weit über alles hinausgehen, was sich in der Psychoanalyse der Neurosen als notwendig erweist, in der das Engagement des Analytikers auf freundliches Interesse, den starken Wunsch zu helfen und auf sorgfältige Aufmerksamkeit gegenüber den Äußerungen des Patienten beschränkt ist.« Wenn ich hier von »traditioneller Darstellungsweise« spreche, denke ich an Aussagen in einem Nebensatz, in einem unauffälligen Kontext, an Aussagen, die durch Implikation die positive Bedeutung dessen, was gesagt wird, zu verwischen drohen. In diesem Falle stellt das Gesagte, wenn es isoliert gelesen wird, eine außerordentlich nützliche Aussage dar. Es ist zu einer Art Gewohnheitspflicht geworden, diesen »kontrastierenden« Vergleich zu zitieren, auch wenn die damit verbundene Absicht von bloß konventioneller Berufung auf Autorität weit entfernt ist (vgl. z. B. Sechehaye, 1956; oder Nacht, 1949, 1958). Auch ich habe mich des Vergleichs in der Vergangenheit bedient (1954b). Darin ist eine gewisse Kritik enthalten, denn die betreffenden Aussagen dienen gewöhnlich wichtigen und unmittelbar positiven Zwecken; außerdem gehen die Ansichten über das richtige Maß an Gewährung und Versagung gewöhnlich weit auseinander. Was irreführt, ist die latente oder implizierte Aussage hinsichtlich der emotionalen Bedürfnisse des »klassischen« neurotischen Patienten in der nicht modifizierten analytischen Situation. Denn auch er verlangt legitimerweise etwas mehr als bisher für ausreichend gehalten wurde. Ich will aber das Problem an diesem Punkt nicht durch Spekulationen darüber erschweren, wie häufig dieses (relativ) kühne Individuum in unserer klinischen Praxis erscheint.

Überflüssig distanzierte und versagende Haltungen (die beim Patienten ebenso starke Furcht wie starke Bindung erzeugen können) tendieren dazu, einem künstlichen Element in der Übertragungsneurose Vorschub zu leisten, das in gewissem Sinne den regressiven Tendenzen gleicht, die bei Kindern auftreten können, denen die komplex integrierten Befriedigungen vorenthalten werden, die sie von ihren Eltern mit gutem Grund erwarten dürfen (Spiel, Zärtlichkeit, Interesse,

Unterricht usw.). Der Patient, der euphorisch prahlt, daß »*sein* Analytiker *niemals* eine Frage beantworte« und die Korrektheit der Analyse seines Freundes erregt in Frage stellt, weil dessen Analytiker eine Frage beantwortet und ihn sogar nach seinem Befinden nach einer schweren Operation gefragt hat, mag ein Mensch sein, »mit dem man mühelos arbeiten kann«, aber sein emotionaler Zustand ist ein Anlaß zu ernster Besorgnis. In starker Vereinfachung lassen sich drei Beziehungsmuster zwischen Analytiker und Analysand unterscheiden, von denen keines jemals fehlt (wenngleich es ignoriert werden kann); sie bestehen nebeneinander und sind in kontrapunktischer Weise eng miteinander verbunden: die reale und aktuelle integrierte persönliche Beziehung, welche die berufliche Grundbeziehung (zwischen Arzt und Patient) einschließt; die Übertragungs-Gegenübertragungsbeziehung; und schließlich das einzigartige System schematisierter Tätigkeiten, Versagungen und Verbote, die den Erfordernissen der analytischen Technik entspringen, aber *anders* als die meisten anderen technischen Systeme in einem uneingeschränkten persönlichen Sinne »*ausgelebt*« werden müssen. In der Praxis lassen sich diese Muster indes nicht voneinander trennen, wie es in wenigen Zeilen einer schematischen Darstellung möglich ist, und Irrtum oder Fehler in einem Sektor reflektieren sich in allen anderen. Während des ganzen Prozesses ist die Erscheinung des Patienten als einer integrierten erwachsenen Persönlichkeit mehr als die Summe ihrer psychischen Teile oder funktionellen Systeme. Während rein technische oder intellektuelle Irrtümer sich in den meisten Fällen korrigieren lassen, können Jahre geduldiger und kundiger Arbeit zunichte gemacht werden, wenn es an einem kritischen Punkt des Prozesses nicht gelingt, die angemessene menschliche Reaktion zu zeigen, die jeder Mensch von einem anderen erwartet, zu dem er in tiefer Abhängigkeit steht. Aus einigen Beobachtungen habe ich den Eindruck gewonnen, daß eine *Antizipation* der Arbeit (in einem vorbereitenden Interview z. B.) die gleiche vernichtende Wirkung haben kann. Wie schon erwähnt, ist das Festhalten an der Analyse, ja selbst Enthusiasmus, keineswegs unvereinbar mit tiefgehendem Ressentiment und Argwohn, die manchmal ganz oder relativ unanalysierbar sind, weil sie sich tatsächlich oder vermeintlich in der Realität dokumentieren. Ein solches Festhalten kann – und tut es wahrscheinlich in vielen Fällen – dem Patienten das »Ausagieren« [»acting out«] eines tiefsitzenden neurotischen Elements seiner Charakterstruktur ermöglichen. Häufig (in manchen Fällen unbewußt) unterscheidet der Patient zwischen Reaktionen, die auf ein falsch angewandtes technisches Prinzip, auf relativ wohlwollende therapeutische Besorgnis und auf tiefergehende individuelle Gegenübertragungshaltungen des Analytikers zurückzugehen; die Heftigkeit der Reaktionen variiert entsprechend. Mir scheint, daß diese Formen »menschlichen Versagens« häufig vorkommen und daß eine Revision in der Akzentuierung oder Formulierung bestimmter Grundsätze in wissenschaftlicher wie in praktischer

Hinsicht einen wichtigen positiven Schritt bedeuten kann.

Ich möchte nun kurz den Unterschied darstellen zwischen meinen eigenen Hypothesen (oder besser Verschiebungen in der Akzentuierung) und wichtigen Aspekten einiger allgemein bekannter Vorschläge zur Modifizierung der analytischen Situation, insbesondere der *emotionalen* Partizipation des Analytikers. Ich denke dabei an die relativ frühen Vorschläge von Ferenczi[24] und die jüngeren Vorschläge von Alexander.[25] Allerdings beziehe ich mich in diesem Zusammenhang nicht auf die aktiven Methoden Ferenczis, die sich in stark abgeschwächter Form als bleibende Beiträge zum Reservoir möglicher psychoanalytischer Techniken erwiesen haben, und auch nicht auf Alexanders Vorschläge zur Manipulation der Stundenfrequenz, obwohl jeder dieser Vorschläge, sofern weiter ausgearbeitet, wichtige grundlegende Veränderungen der analytischen Situation bewirken kann. Das eigentlich Technische ist gewöhnlich ein weniger kompliziertes Problem als Spezifizierungen der emotionalen Haltung. Unmittelbarer relevant für unsere Diskussion sind daher Ferenczis Prinzip (1929, 1930, 1931, 1932), daß der Analytiker die Liebe (Zärtlichkeit) geben soll, die neurotischen Patienten nach seiner Auffassung in ihren Entwicklungsjahren vorenthalten worden ist, und Alexanders Vorschlag (1956), daß der Analytiker durch »Kontrolle des zwischenmenschlichen Klimas in der Behandlung« (d.h. dadurch, daß er sich von den Eltern unterscheidet, deren Haltungen retrospektiv als

67

außerordentlich pathogen erscheinen) eine »korrigierende emotionale Erfahrung« fördern soll. Aufgrund einer Haltung, welche die Folgen einer schädlichen elterlichen Haltung in frühen Jahren wahrscheinlich rückgängig macht, müßten diese beiden Vorschläge zur *Neutralisierung* eines entscheidenden Elementes in der Übertragungsneurose führen. (Für Ferenczi – in seiner späteren Periode – war diese Haltung auch für die Überwindung tiefsitzender Widerstände notwendig.) Alexander billigt der pathogenen Haltung eine größere Variationsbreite zu, verlangt aber eben deshalb auch eine größere Beweglichkeit der therapeutischen Haltung des Analytikers. Wenn wir an unserem unmittelbaren Kontext festhalten und die vielen möglichen Zweifel und unterschiedlichen Meinungen im Hinblick auf die allgemeine ätiologische Theorie und (im Falle von Alexanders Vorschlag) die zusätzliche Aufgabe selektiver *bestimmender* Rekonstruktion beiseite schieben, enthalten beide Vorschläge meiner Meinung nach noch Faktoren, die sie untauglich machen:
(1) Obwohl jeder in einem gegebenen Fall eine psychotherapeutische Wirkung haben *könnte*, ersetzen beide (wenn sie wirksam sind!) die Analyse auftauchender Elemente, die in der Übertragungsneurose als entscheidend angesehen werden, durch direkte zwischenmenschliche Verhaltensweisen. (2) Beide verlangen eine gegenwartsbezogene Haltung, welche die Wirkung einer genetisch früheren Haltung rückgängig machen soll – als ob beide austauschbar wären, obwohl die Situationen, in denen sie entstanden, wenig

miteinander zu tun haben im Hinblick auf Zeit, Raum, reale funktionelle Bedeutung, Entwicklungsstand des Patienten, aktuelle persönliche Bedeutung des Objekts (d. h. des Analytikers) und viele weitere, weniger wichtige Details. (3) In unterschiedlichem Maße und mit vielen möglichen qualitativen Unterschieden verlangen beide vom Analytiker, daß er Haltungen »annimmt«, die nicht unbedingt Elemente seiner Identität sind, d. h. seiner spezifischen (analytischen) Funktionen, seiner Rolle als Arzt, seiner spezifisch persönlichen Reaktionen auf den Analysanden. Wenngleich es richtig ist, daß in der echten ärztlichen Haltung eine bedeutsame Variante und Spezifikation des Konzepts der Elternliebe eine Rolle spielt, kann man sich dieses Element in seinem allgemeinen Ausdruck doch kaum als in Art oder Intensität der Liebe vergleichbar vorstellen, die zärtliche Eltern ihrem Kind entgegenbringen. In dem Maße, in dem eine solche Haltung bewußt angenommen wird, und selbst wenn sie – als ein echtes Gegenübertragungsphänomen – in gewissem Sinne konkret erfahren wird, bildet sie, wenn sie in einer Form angeboten wird, die über das hinausgeht, was zur Haltung eines freundlichen Arztes gehören kann, eine Gefahr für die entscheidende Erfahrung vollkommener Zuverlässigkeit und Ehrlichkeit, die der Patient in dieser für ihn so bedeutsamen Beziehung machen sollte.[26] Wo es sich um eine echte Gegenübertragungshaltung des Arztes handelt, birgt sie eine doppelte Gefahr in sich: in vielen Fällen die der schnellen Auflösung, in anderen Fällen, in denen sie andauert, die aktiver neurotischer Unangemessenheit im Verhältnis zur realen Situation. Derart spezifische und – gern oder ungern – bewußt angenommene Haltungen auf die Dauer aufrechtzuerhalten, würde dem Analytiker eine Last aufbürden, die sich mit einem ehrlichen und emotional gesunden Leben nicht vereinbaren ließe. Andererseits ist es *keine* übertriebene Erwartung, daß ein Analytiker in seiner Eigenschaft als Arzt seinen Patienten ein wohlwollendes und hilfreiches, tolerantes und freundliches Interesse entgegenbringt, das sich hauptsächlich in den Formen ausdrückt, die seine besondere Arbeit vorsieht. Das sollte dem Analytiker keinerlei schauspielerische Virtuosität abverlangen – weder im Prozeß der Analyse noch hinsichtlich einer in der postanalytischen Periode bewahrten Haltung. Trotz der archaischen unbewußten Motivationen zu seinem Beruf (Nunberg, 1938; Simmel, 1926) sollte der hinlänglich erwachsene Arzt, der mit seinen neurotischen Motivationen ins reine gekommen ist, zu solcher Haltung fähig sein. Natürlich ist auch dies in gewissem Sinne eine »Rolle«; doch eine Rolle, die einen lebenslangen Beruf, einen starken Sinn für Identität und Engagement und eine reale funktionelle Beziehung zu einem anderen Menschen repräsentiert, ist deutlich von den anderen unterschieden, die wir gerade betrachtet haben. Das gleiche gilt für die traditionelle klassische Haltung des Analytikers (Stone, 1957). Heute würde ich die Haltung des Arztes jedoch nicht nur als für den Prozeß effektiver ansehen, sondern auch als dem emotionalen Leben des Therapeuten eher angemessen. Sie ist – und das ist von nicht geringer Bedeutung – vollkommen vereinbar mit einem ständigen Festhalten an den Realitäten des Lebens, insbesondere in der Dimension menschlicher Beziehungen, in welcher der neurotische Patient wie jeder von uns, aber in einem weit stärkeren und deutlicher störenden Maße als die meisten, Schwierigkeiten hat. Dieser letzte Punkt stellt ein in der Tat schwieriges Problem dar. Wenn Ferenczi (1930) in seinem Prinzip kombinierter Versagung und Gewährung spätere mit früheren Interessen verband, kam er damit einer Reproduktion eines häufig anzutreffenden Zugs tatsächlichen Elternverhaltens nahe, das mit den Gegebenheiten der Erwachsenensituation allerdings wenig gemein hat. Obwohl man dramatische Reaktionen auf eine derartige therapeutische Situation erwarten könnte, ist es schwierig, sich vorzustellen, die selbstbeobachtende Funktion könne adäquat aufrechterhalten werden, *es sei denn*, die technischen Aspekte derartiger Kunstgriffe würden so stark betont (oder so deutlich gemacht), daß sie ihrer eigentlichen Bedeutung für den Patienten nicht beraubt werden könnten. Im letzteren Falle würde ein *übertriebenes* »Schauspiel« etabliert, eine Art Dramatotherapie, die nicht ohne Interesse oder Effektivität ist, ohne Frage aber eine Reihe von Problemen eigener Art aufwirft. Es ist möglich, daß in bestimmten Techniken der »Kinderanalyse« realisiert wird, was Ferenczi ursprünglich im Sinne hatte. Ob *er* dies nun im Sinn hatte oder nicht, seine Patienten machten ihm bittere Vorwürfe, wenn er bei seiner Partizipation Erwachsenenverhalten einfließen ließ (vgl. Ferenczi, 1931, S. 277 f.).

Wie wir schon erwähnt haben, wird selbstverständlich auch in der klassischen Situation die Vorstellungskraft des Patienten angesprochen (Rosen, 1960); ihr Weg verläuft indes von einem sicheren Ausgangspunkt in der Realität zu undeutlich empfundener oder verstandener Erfahrung und nicht von einem von den Spannungen der Realität entlasteten Erleben, an dem der Arzt teilhat, zurück zu den unklar umrissenen Gegebenheiten der Situation.

Ferenczi (1930, S. 270) erwähnt eine Unterhaltung, in der Anna Freud von der Ähnlichkeit einiger seiner Methoden mit den Methoden sprach, die sie bei der Behandlung von Kindern anwandte. Ferenczi war in erster Linie an dem beschädigten und verletzten Kind im erwachsenen Patienten interessiert; zuweilen empfahl er eine buchstäblich mütterliche Form der Liebe, um bestimmten therapeutischen Erfordernissen zu genügen. Diese Sicht enthält natürlich einen richtigen und wichtigen Kern, der indes nicht zur Grundlage einer adäquaten Psychopathologie und therapeutischen Methode taugt. Es ist möglich, daß in Ferenczis (1932) bewegend aufrichtigem und offenem Kampf mit mächtigen unbewußten Reaktionen auf Patienten (Thompson, 1944) die entscheidende Differenz zwischen seiner Sicht der unbewußten Beziehung und der vollständig integrierten Erwachsenen-Beziehung etwas von ihrer (subjektiven) Bedeutung verloren hat. Anna Freud behandelt bis heute Kinder nach ihrer Methode. Zweifellos darf man den *Zusammenhang* nicht ignorieren; in dieser Studie bildet er deshalb ein wichtiges

Element. Wenn Anna Freud (1946) bei der Erläuterung bestimmter Haltungen und Kunstgriffe, die für den Beginn einer Kinderanalyse notwendig sind, auf ihre Ähnlichkeit mit Verfahren hinweist, die bei Erwachsenen zur Herstellung der Übertragung oft angewandt werden, geht sie das Problem von der anderen Seite an. In diesem Zusammenhang spricht man (mit gutem Grund) von »Rudimenten«; die Anwendung dieses Verfahrens bemißt sich nach dem Grad, in dem der erwachsene Patient sich in seinen unreifen und abhängigen Zügen einem Kind annähert. Es ist jedoch wichtig festzuhalten, daß die gegebenen Beispiele, sofern sie spezifiziert sind, sich auf die erwachsene Situation und die erwachsenen Bedürfnisse des Patienten beziehen, die in der Tat, wie die Beispiele zeigen, bestimmten kindlichen Forderungen entsprechen können.

Man könnte sagen, daß die Identität des Analytikers (im Sinne der oft angeführten Analogien zum »Spiegel« und zum »Chirurgen«) und die spezifisch analytischen Verfahren genügend »normale« Übertragungsbefriedigung verschaffen, wenn die Analyse erst einmal in Gang gekommen ist, und daß man sich um so strikter an sie halten sollte, als sie die Gegebenheiten der Situation zuverlässiger repräsentieren als die Haltung des Arztes. Dieses Postulat wäre richtig, wenn man glaubte, daß man einen anderen Menschen ohne eine zugrunde liegende ärztliche oder (wenn man will) spezifisch therapeutische Verpflichtung ihm gegenüber wirksam analysieren könnte, oder umgekehrt, daß er wirklich analysiert werden könnte, ohne die stillschweigende oder ausdrückliche Bestätigung dieser Verpflichtung zu verlangen und zu erhalten. Der Zweifel an diesem letzten Punkt impliziert den Zweifel an der Hinlänglichkeit solcher Übertragungsbefriedigungen. Wenn eine inadäquat integrierte Übertragungsbefriedigung dieser Art zu beobachten ist, d. h. das Fehlen einer greifbaren menschlichen Beziehung, die eine dem Patienten von Anfang an verständliche und für ihn bedeutsame Haltung einschließt, tendieren nach meiner Sicht die technische Übertragung und die Übertragungsneurose dazu, die eine oder andere unechte Qualität zu zeigen, z. B. unterwürfiger Gehorsam oder unmäßiger Übereifer. Oft lassen sich Versuche erkennen, die Unwirklichkeit des Gegenübers zu leugnen, um eine Beziehung *ex vacuo* zu konstruieren, oder um durch die bloße Stärke des Drucks etwas Befriedigenderes zu erzwingen oder um auf einer stellvertretenden oder regressiven Basis nach etwas Unmöglichem zu verlangen. Selbstverständlich kann auch das gleichermaßen unerwünschte Gegenteil der (unbewußten) Abwehr der Übertragung (oder eine Art unbewußten emotionalen »Defätismus« oder naiver »Trotz«) im Vordergrund stehen. Man möchte hoffen, daß die Geschichte der spezifisch psychoanalytischen (d. h. zuhörenden und deutenden) Funktion eines Tages einen besonderen Rang im Bewußtsein der menschlichen Kultur zuweisen wird, der in seiner spezifischen Übertragungsvalenz den allgemeinen Zielen und Funktionen des Arztes vergleichbar ist. Tatsächlich trifft das auf eine kleine kulturelle Gruppe bereits zu, was sich

74

am Prestige des Analytikers und der Ehrfurcht des Analysanden oder potentiellen Analysanden ablesen läßt. Diese Konstellation schließt jedoch nicht oft genug jene positiven Grundelemente ein, die der Rolle des Arztes ihren einzigartigen Charakter verleihen; nur zu häufig weist sie viele der manifest von Ehrfurcht ergriffenen, latent jedoch ambivalenten Haltungen auf, wie sie für Kulthandlungen charakteristisch sind. Soweit ich sehe, wird dieser historische Prozeß, d. h. die positive Anerkennung des Analytikers im Bewußtsein der menschlichen Kultur, nur insoweit Wirklichkeit werden, als das Element der therapeutischen Verpflichtung in der Analyse in seiner vollen Würde wiederhergestellt wird. Denn die deutende Funktion *hat*, wie ich glaube und schon gesagt habe, eine außerordentlich große primäre Übertragungsvalenz, aber nur dann, wenn sie durch zwingende unbewußte Assoziation – vermittelt durch die Anerkennung des Impulses zu helfen, Leiden zu lindern – mit dem primären Pflegeverhalten verknüpft ist, das jeglicher frühen Erziehung ihre positive Bedeutung für das Kleinkind verliehen hat. Sollte es einmal eine Zeit geben, in der kybernetische Maschinen große Dichtung schreiben oder tiefgreifende und revolutionäre wissenschaftliche Entdeckungen machen, mag meine Skepsis sich als unbegründet erweisen. Was ein Psychologe von psychiatrischen Computerdiagnosen erwartet (vgl. *New York Times* vom 25. Februar 1961, Nachrichtenteil), kann mich nicht erschüttern. Daß Menschen Maschinen imitieren, *ist* berunuhigend, besonders wenn sich dies in einem der allerletzten

75

Bollwerke des hilflosen menschlichen Herzens und Hirns vollzieht. Die Unruhe wird durch die Tatsache verstärkt, daß durch solche Nachahmung die therapeutische Effektivität beeinträchtigt wird und daß – in einem scheinbaren (aber nicht echten) Paradox – ein solches Bestreben den Gegebenheiten der Situation *wissenschaftlich* nicht gerecht wird. (Vgl. in diesem Zusammenhang Eriksons Bemerkung [1946, S. 46] zur gegenwärtigen psychologischen Bedeutung der Maschine.)

Wir haben schon kurz die einzelnen physischen oder quasiphysischen Arrangements erwähnt, die die charakteristische Konfiguration der psychoanalytischen Situation mitgestalten, und auch den doppelten, etwas paradoxen Zweck, den die Situation hinsichtlich der Übertragungsneurose erfüllt. Natürlich ist auch die ursprüngliche und wesentliche Funktion unkontrollierter, aber zunehmend transparenterer Kommunikation des Patienten wirksam, die als solche die Gegenbesetzungsenergien vermindert (Fliess, 1949). Dank dieser miteinander in Beziehung stehenden Reihen von Funktionen besitzt die Situation als solche eine bemerkenswerte psychodynamische Kraft, eine Tatsache, die man niemals außer acht lassen sollte. Bevor ich dieses Thema verlasse, möchte ich kurz auf einen Aspekt dieser Struktur eingehen, der für den dialektischen Charakter ihrer Probleme besonders charakteristisch ist (vgl. Waelder, 1937). Ohne Zweifel verlangt die Situation ein bestimmtes Maß an Rigidität, damit ihre wesentlichen Funktionen nicht beeinträchtigt werden. Sie ist eine technische Struktur, die sich nicht jedem Windhauch eines Gefühls oder einer Doktrin beugen sollte. An einem Punkt jedoch *sollte* sie nachgeben, unabhängig von der Schwere der Krankheit. Ich meine die Situation, in der ein intelligenter Erwachsener, der in seinem alltäglichen Leben zu unabhängigem Denken und Wollen in der Lage ist, sich (in seiner *subjektiven Erfahrung*) als Übertragungsopfer einer willkürlichen und autoritären Forderung empfindet; dies kann eintreten, wenn er um eine angemessene Änderung des Zeitplans oder einen notwendigen Aufschub der Zahlung bittet, wenn er sitzen und den Analytiker ansehen möchte, nach der Toilette fragt oder am Ende der Stunde ein oder zwei Minuten lang nichts sagen möchte. Selbstverständlich erkennen die meisten von uns in solchen Situationen intuitiv die Notwendigkeit zum Eingreifen; die Entscheidung in solchen Fällen wird immer eine Frage der angemessenen Beurteilung bleiben.[27] Ich glaube jedoch, daß hier ein allgemeines Prinzip zutage tritt, das mit dem Ursprung der Psychoanalyse in der Hypnose sowie mit der subtilen Beziehung zwischen dieser Herkunft und der Idealisierung chirurgischer Präzision zusammenhängt (in der sich Freuds allgemeine Idealisierung der Chirurgie reflektiert, z. B. 1913 b, S. 464). Die Position der Psychoanalyse am Schnittpunkt von Natur- und Humanwissenschaften ist u. a. deshalb etwas paradox, weil sie, nachdem sie der klinischen Medizin das Konzept der ganzen und lebendigen Person lebhaft zu Bewußtsein gebracht hat, in der Erfüllung ihres paradoxen wissenschaftlichen

Schicksals den lebendigen und wachen Patienten zwar nicht als Leiche, aber häufig doch ein wenig wie einen Patienten in Betäubung behandelt. In diesem Zusammenhang ist Lewins Hinweis (1946a) auf den ersten »Patienten« des Medizinstudenten, die anatomische Leiche, und deren Einfluß auf die allgemeine Tendenz der ärztlichen Gegenübertragung wichtig und erhellend. Die Psychoanalyse, die Schöpfung eines ärztlichen Genies, ist von diesem Einfluß nicht frei. Und in einer umfassenden historischen Perspektive stehen wir den positiven Elementen dieser Beziehung gegenüber in großer und spezifischer wissenschaftlicher Schuld. Obwohl der gute Chirurg die bilateralen Segnungen einer adäquaten Anästhesie zu schätzen weiß (Lewin, 1955), ist er doch stets darum besorgt, daß die Betäubung nicht zu tief geht; und wenn Freud – über die Schwierigkeiten der Hypnose – die glänzende Entdeckung einer neuen und produktiven Technik gelang, sind wir verpflichtet, den Patienten vor der Befriedigung jenes zutiefst passiven Verlangens behüten zu helfen, das analytische Patienten so oft zu der *Forderung* nach Hypnose veranlaßt. In diesem Zusammenhang müssen wir uns insbesondere vor einer Rationalisierung jenes Aspektes unserer Gruppengegenübertragung hüten, der den übergehorsamen Patienten idealisiert, dessen freie Assoziationen nur allzu deutlich das Verlangen nach hypnotischem Schlaf ausdrükken (Lewin, 1954).

Weitere Bemerkungen
zum Komplex Übertragung-Gegenübertragung
und zur Übertragungsneurose

Für unsere Diskussion sind noch einige Spezifizierungen im Hinblick auf die Definition der Übertragungsdynamik sowie eine Neubestimmung ihres Umfangs, ihrer Tiefe und ihrer Durchschlagskraft wichtig. Zunächst möchte ich hervorheben, daß man prinzipiell ebenso wie in der alltäglichen Kommunikation der Klarheit am besten dient, wenn man den nicht näher bestimmten Begriff »Übertragung« auf den Aspekt einer Beziehung eingrenzt, der durch stets gleichbleibende Wünsche (oder andere Haltungen) einer in der Vergangenheit wichtigen Person gegenüber motiviert ist, durch Wünsche also, die das Individuum gewöhnlich in eine falsche Identifizierung (Nunberg, 1951) mit dem unbewußten Bild der Person aus der Vergangenheit drängen. Eine solche Beziehung ist der gegenwärtigen Situation völlig unangemessen; sie bleibt subjektiv unverstanden, bis ihr genetischer Ursprung analysiert wird, und sie leistet dieser Analyse hartnäckigen Widerstand. Die Spezifizierung von Silverberg (1948), daß sie immer als unangenehm erfahren wird, kann ich, obwohl dies aufgrund von Konflikten, die mit ihrer jeweiligen Aktivierung einhergehen, häufig der Fall ist, nicht akzeptieren. Das entgegengesetzte Merkmal, nämlich Lust, kann sie ebenso charakterisieren. Silverbergs Spezifizierung hängt mit dem Gewicht zusammen, das er der Rolle des Wiederholungszwanges beimißt, ein Faktor, dessen Bedeutung seit Freud allgemein anerkannt wird. Wenige würden jedoch dieser Dynamik bei strenger Auslegung eine ausschließliche oder beinahe ausschließliche Rolle in der Übertragung zuschreiben. Vgl. z. B. Nunberg (1951), Lagache (1953), Loewald (1960).

Im täglichen Leben und in den Anfangsphasen der Analyse ist die Übertragung gewöhnlich in die aktuelle Totalität der persönlichen Beziehung integriert. Es ist jedoch besser, sie im oben erwähnten Sinne isoliert zu betrachten, es sei denn, sie wird in einer spezifischen Weise qualifiziert: als eine latente Potentialität oder als ein aktuell auftauchendes ichdystones oder objektiv unangemessenes Phänomen. (Vgl. in diesem Zusammenhang Anna Freud, 1954a.) Denn sofern es sich um eine echte Übertragung handelt,[28] behält sie immer ihren infantilen Charakter. In welchem Maße auch immer die frühe Beziehung (vermittels Identifikation, Imitation, Folgen der Erziehung usw.) zum erwachsenen Beziehungsmuster beigetragen haben mag, ihr Übertragungsderivat unterscheidet sich von dem letzteren ungefähr in dem Sinne, den Breuer und Freud (1895) den Folgen pathogener traumatischer Erfahrung zugeschrieben haben, die weder als solche abreagiert noch assoziativ in die Persönlichkeit aufgenommen worden ist. In Gegenwart einer Person mit einer besonderen Übertragungsvalenz und in einer Situation, die durch eine einzigartige Mischung aus Intimität und Versagung, durch (bindend festgelegte!) einseitige kommunikative Freiheit, Minimisierung aktueller Beobach-

tung und bestimmte an die frühkindliche Phase erinnernde formale und technische Elemente gekennzeichnet ist, wird die *Tendenz* zum unveränderten
Wiederauftauchen latenter Übertragungszwänge, die
sich bis dahin in alltäglichen Bedürfnissen, in Symptomen oder in der Charakterstruktur manifestiert
haben, außerordentlich verstärkt. Daß die Übertragung im analytischen Prozeß in einer spezifischen
Weise gehandhabt wird, ist sicherlich richtig und
bleibt von überragender Bedeutung. Es gab jedoch
eine Zeit, in der dies nicht nur als die spezifische, sondern praktisch als die ausschließliche Einwirkung der
analytischen Situation auf die Übertragung angesehen
wurde, so als ob es sich bei der integrierten Form, die
sich in der Beziehung zu irgendeinem anderen Arzt
zeigt, im Grunde um dasselbe Phänomen handelte.
Faßt man sie als ein aktuelles funktionelles Phänomen
auf und nicht als eine latente Potentialität (in gewissem
Sinne ein metapsychologisches Konzept), dann ist dies
selten der Fall. Die einzigartigen emotionalen Erfordernisse der psychoanalytischen Situation und ebenso
die desintegrierende Wirkung der freien Assoziation
und die Deutungstechnik verleihen der psychoanalytischen Übertragung eine infantile Qualität und Intensität, die zur Entwicklung der Übertragungsneurose
führen. Um die ursprünglichen Einschränkungen und
Warnungen Freuds ins Positive zu wenden: die Frage,
was die optimale Übertragungsneurose ausmacht
oder ob und wie eine annähernd optimale Form der
Übertragungsneurose zustande gebracht werden kann,

bleibt nach wie vor ein wichtiges und allgemeines Problem der psychoanalytischen Technik.[29] Das ist keineswegs eine einfache Sache. Die hier vorgetragenen Überlegungen enthalten die bescheidene Hoffnung, daß sie in der Lage sein könnten, ein Prinzip und einige Vorschläge zur Vermeidung unechter und übermäßig hartnäckiger Gefühlsintensität anzubieten. Die Übertragungsneurose hat wie andere (einfachere) Elemente der psychoanalytischen Situation einen spezifisch dialektischen Charakter und Stellenwert. (Die freie Assoziation z. B. fördert das Offenbaren ebenso wie das Verbergen, kann Befriedigung oder Leiden bewirken.) Dieser dialektische Charakter läßt sich (teilweise) durch das Konzept der beiden getrennten, wenngleich potentiell zusammenfließenden Ströme der Übertragungsquelle erklären, auf das ich an anderer Stelle dieser Studie näher eingehen werde. Im Hinblick auf den zweideutigen Faktor der Intensität in der Übertragungsneurose sehe ich *a priori* eine gewisse Vernünftigkeit in der Vorstellung, daß die die Übertragungsintensität verstärkenden Elemente der Abstinenz vorwiegend von den formalen (d. h. ausdrücklich technischen) Faktoren (in die ich das Nichtreagieren auf primitive Übertragungswünsche einschließe) abgeleitet werden sollten und nicht von übertrieben rigorosen Versagungen an menschlicher Reaktion, die der Patient billigerweise erwarten oder verlangen darf, zumal der technische Wert derartiger Versagungen minimal oder überhaupt nicht nachweisbar sein wird.

Es ist nun nahezu allgemein anerkannt, daß die Übertragung die unverzichtbare Triebkraft des analytischen Prozesses ist und das Phänomen darstellt, auf dessen Entfaltung die Möglichkeit einer schließlichen therapeutischen Veränderung beruht. Im Unterschied zu anderen Psychotherapien ist in der Analyse die Auflösung der Übertragungsneurose und die Aufhebung oder Minimisierung der Übertragung(en) selbst eines der charakteristischen Endziele der Deutungstechnik. Ich spreche von »einem« Ziel, weil man sagen könnte, daß Einsicht in dynamische und genetische Elemente des Unbewußten oder die funktionelle Ausdehnung der Hegemonie des Ichs im Verhältnis zum Es und zum Überich oder andere in diesem Zusammenhang wichtige Konzepte letztlich entscheidender sind. Alle diese Konzepte[30] hängen aber – zumindest in einem operationalen Sinne – weitgehend, wenn nicht ausschließlich, von der gründlichen Analyse der Übertragungsneurose ab.

Ich verwende den Ausdruck »Minimisierung der Übertragung(en)«, weil ich hinsichtlich der Wahrscheinlichkeit vollständiger Aufhebung oder Auslöschung der Übertragung starke Zweifel habe. Die spezifischen persönlichen Fehlidentifikationen und die spezifischen persönlich gerichteten Wünsche und Haltungen, die uns im analytischen Prozeß gewöhnlich beschäftigen (d.h. »die Übertragung«), lassen sich in einem praktischen klinischen Sinne gewöhnlich adäquat auflösen. An dieser Stelle möchte ich jedoch jene pathogene Komponente des Übertragungskomplexes hervorheben, die diesen klinischen Phänomenen zugrunde liegt und vorausgeht. Die »adäquate Auflösung« des klinisch bedeutsamen Aspektes der Übertragung entläßt das grundlegende, praktisch universelle Element, wenn es nicht in sich selbst stark verzerrt ist, in die Integration mit sozial annehmbarer Bewunderung, die viele andere Menschen teilen und somit in gewissem Sinne einen Teil der Umweltrealität des Individuums darstellen. Ich spreche von dem allgemeinen latenten Verlangen nach einer omnipotenten Elternfigur, das durch die Konflikte und Veränderungen jeder Entwicklungsphase und entwicklungsbedingten Trennung erneuert wird und seine spezifische Färbung und Form erhält, einem Verlangen von solch primitiver Kraft, daß es die tiefgreifenden physiologischen Veränderungen der Hypnose hervorrufen und schon auf der Basis weit weniger spektakulärer Vehikel der Suggestion die Wahrnehmungsfähigkeit eines Individuums oder seine Fähigkeiten zu rationalen Entscheidungen in einen Zustand der Unentschiedenheit bringen kann. Um der Klarheit willen werde ich diese Dynamik als die »Urübertragung« bezeichnen. (Dies setzt im Gegensatz zu Freuds Verwendung des Begriffs [vgl. hierzu Loewald, 1960] die vollendete Verschiebung auf ein Objekt voraus.) Dieses Phänomen wird bereits in der Reaktion des kleinen (drei bis sechs Monate alten) Kindes auf jede sich bewegende Gestalt mit einem Gesicht wie die Mutter (»... der Repräsentantin der Sicherheit des Kindes« [Spitz, 1956]) überaus deutlich. Es durchdringt unsere gesamte soziale Organisation, manifestiert sich in religiösen Verhaltensweisen, im Verhalten gegenüber Herrschern und anderen mächtigen politischen Figuren oder charismatischen Ideologen jeglicher Herkunft. In der intellektuellen Avantgarde kleidet sich das besagte Phänomen in Fragen wissenschaftlicher Gültigkeit und rationaler oder empirischer Beweise und fördert damit irrationale und unangemessene Formen von Loyalität oder Gegnerschaft gegenüber wissenschaftlichen Führern. Menschliche Unfehlbarkeit wird nicht dem Papst, sondern anderen zugeschrieben; und der Anti-Christ hat in der Welt der Wissenschaft seine Parallelen. Unser eigenes Gebiet hat oft ein auffälliges Beispiel für diese Tendenz abgegeben. Als Folge derartig ambivalenter Gruppeneuphorie wird wissenschaftliches Erkenntnisstreben, dessen Autonomie ohnehin bestenfalls relativ ist, schließlich sekundär belastet, worunter es notgedrungen leidet.

Wenn die verwickelten Beziehungen zu frühen Objekten die infantile Neurose auslösen und den Grund für ihre spätere Repräsentation in der Übertragungsneurose legen, dann liegt die klinische Neurose, die üblicherweise eine Behandlung motiviert, zwischen ihnen und ist mit beiden verbunden, da sie in gewissem Sinne einen »Widerstand« ebenso gegen die genetische Rekonstruktion der ersteren wie gegen die aktuelle Verwicklung in die letztere darstellt. Dies bedeutet natürlich eine Abweichung von Freuds Aussage (1914b, S. 135) über die Übertragungsneurose als einer unseren Eingriffen zugänglichen »artefiziellen Krankheit«. Wahrscheinlich ist es keine übertriebene Annahme[31], daß die unbewußte Anerkennung der einzigartigen Übertragungspotentialität der psycho-analytischen Situation mit dem heftigen irrationalen Kampf gegen die Analyse als Therapie ebenso eng zusammenhängt wie das manchmal fanatische Akzep-tieren (d.h. der allgemein zu beobachtenden spezi-fischen Faszination einer Beziehung zu »dem Doktor, der keine Medizin verschreibt«) durch den Patienten, dem sie empfohlen wird (bei vielen Patienten ist diese Faszination bereits vor der Analyse zu beobachten). Abgesehen von seltenen (relativen) Ausnahmen wird im Grunde – im Sinne der Urübertragung – *immer* der echte Arzt gewünscht, der der Elternfigur der frühesten Kindheit am meisten ähnelt.[32] Der »Doktor, der keine Medizin verschreibt«, ist für das Unbewußte *a priori* die Elternfigur der wiederholten Phasen der Trennung. Zu sagen, in welchem Maße diese unbewußte Kon-stellation an der Entdeckung oder Schöpfung der Psychoanalyse teilhatte, wäre reine Spekulation. Freuds Übertragungsfähigkeit in den Bindungen des täg-lichen Lebens war bekanntlich überaus deutlich (Freud, 1887–1902; Jones, 1953–57); und die Bedeutung der Beziehung zu Fließ für seine Selbstanalyse ist explizit betont worden (Freud, 1887–1902; u.a.). Daß sie auch im emotionalen Leben vieler gegenwärtig arbeitender Analytiker eine wichtige Rolle spielt, ist sehr wahrscheinlich, da (heute) alle einmal in der Rolle des Analysanden (oder analytischen Patienten) gewesen sind; die große Mehrzahl sind Ärzte, alle sind in einem traditionellen Sinne Patienten von Ärzten gewesen, und alle sind natürlich abhängige und hilflose Kinder gewesen. Ferenczi (1919a) hat die Entfaltung der allgemeinen psychoanalytischen Gegenübertragung als eine Entwicklung von anfänglicher übergroßer Sympathie über reaktive Kälte (»die Phase des Widerstandes gegen die Gegenübertragung«) zu einem reifen Gleichgewicht beschrieben. Lewin (1946a), der sich auf diese Formulierung bezieht (um sie mit den Phasen der traditionellen medizinischen Ausbildung zu vergleichen), führt die erste Phase auf die *Tatsache* zurück, daß der Analytiker erst kurz zuvor selbst Patient gewesen ist. Obwohl Lewin den Leichnam (den ersten »Patienten« des Studenten) als »Objekt« (im psychoanalytischen Sinne) sorgfältig von seinen Eigenschaften trennt, können wir mit guten Gründen annehmen, daß an dieser aus der Arbeit am Leichnam gezogenen Befriedigung manchmal eine Art rächende Beherrschung des elterlichen Objekts (vielleicht im Gegensatz zur Rolle des hilflosen Kindes) beteiligt ist, und daß etwas von dieser Eigenschaft in die dialektische Genese der psychoanalytischen Situation eingegangen ist. Wir können hier wiederum auf den Gegensatz verweisen, den Freud zwischen der Arbeit eines »Dichters« und seiner (Freuds) »Zergliederung« des Seelenzustands von Dora sieht (wenngleich die Anspielung eher eine »chirurgische« als eine anatomische ist!) (Freud, 1905a, S. 220; vgl. auch die interessanten Ausführungen von Fliess über dieses Thema [1949]).

Wenn ich von der »dialektischen Genese« der psychoanalytischen Situation spreche, verweise ich auf ihre
Genese im Geiste eines Arztes, der eine Ausbildung
durchlaufen hat, auf die Lewin sich bezieht. Die
Dialektik findet ihren exquisiten Ausdruck in der Rolle
der Sprache, der Brücke zwischen voneinander getrennten Menschen, die von Kindern in ihrem ver-
zweifelten Anklammern an befriedigendere oder hef-
tigere Objekttriebe entweder verweigert oder verzerrt
oder aber als das unentbehrliche Vehikel für alternative ichsyntone Entwicklungsstrebungen begierig
gesucht wird. (Vgl. Nunberg [1951] über die »Janus«-
eigenschaft der Übertragung.)
Die Übertragungsneurose – im Unterschied zur Urübertragung – stellt sich gewöhnlich plötzlich ein,
nachdem die Behandlung eine bestimmte, unter-
schiedlich lange Zeitspanne angedauert hat. Ihr Erscheinen hängt von dem Druck der Situationsdynamik
und dem damit zusammenhängenden Zwang der
Deutungstechnik ab. Dieser Zwang pflegt die habituell
wiederholten Ausdruckswege wie neue Symptombildung, Ausagieren, Flucht aus der Behandlung usw.
abzusperren. Die Neurose unterscheidet sich von der
Urübertragung durch ihre Tendenz, im analytischen
und im entsprechenden außeranalytischen Setting eine
infantile Handlungssituation zu reproduzieren, einen
Komplex von Übertragungen mit den mannigfachen
Konflikten und Ängsten, die die Wiederherstellung
von – an die infantilen Prototypen geknüpften – Haltungen und Wünschen begleiten. Die Urübertragung

(verwandt den »schwebenden« Übertragungen von Glover [1955]?) ist ein den Charakterzügen entsprechendes relativ integriertes Phänomen, ein Amalgam einander widerstreitender Kräfte, das zu einer habituellen Haltung geworden ist, zur Resultante der »mehrfachen Funktion«, die dem Individuum in der allgemeinen Form der Beziehung, der es sich jetzt gegenübergestellt sieht, erreichbar ist. Von ihrer Entsprechung im Alltagsleben unterscheidet sie sich allein durch ihre relative Loslösung aus ihrem gewöhnlichen alltäglichen Kontext, durch das relative Fehlen greifbarer Herausforderung, Rechtfertigung oder Erhärtung sowie – früher oder später – dadurch, daß es mißlingt, die Befriedigungen oder adaptiven Ziele zu erreichen, auf die sie sich richtet. Im Fortgang der Zeit – wann genau und wie dies geschieht, hängt von den Nuancen der Persönlichkeitsorganisation des Patienten und der Technik und Persönlichkeit des Analytikers ab – erzwingen die unbewußten spezifischen Übertragungshaltungen gegen die Abwehrmechanismen, vermittels derer sie bis dahin integriert worden sind, gerichtete Ausdrucksformen, die sich in unterschiedlichen Mischungen aus Assoziationsderivaten, symptomatischen Akten, Träumen, Formen des »Agierens« und offenen Gefühlen manifestieren. An diesem Punkt (oder besser: in dieser Zone eines Kontinuums) wird der Konflikt – die psychoanalytische Situation einbeziehend – quasi-manifest, und die Übertragungsneurose als solche setzt ein. Wenn ich eine kurze und sehr vereinfachte schematische Darstellung gebe, so nur deshalb, weil diese Begriffe recht verschiedenartig interpretiert werden und ich meinen eigenen, relativ einfachen Sprachgebrauch klarmachen möchte.

Nehmen wir einen männlichen Patienten, der seinem älteren männlichen Analytiker gegenüber eine charakteristisch servile, obgleich fast unmerklich sarkastische Haltung einnimmt, die der Situation völlig unangemessen ist, aber seinem habituellen Verhalten in allen Beziehungen zu älteren Männern entspricht. Im Laufe der Zeit werden in seinen Träumen seine Frau und sein Geschäftspartner mit der analytischen Situation in Zusammenhang gebracht, seine Frau in der Rolle der Mutter, der Analytiker als Vater, sein Geschäftspartner als älterer Bruder; den wechselnden Konstellationen entsprechen in seinem Geschäfts- und Sexualleben bestimmte Ängste und Funktionsschwankungen. Verhaltensweisen, die durch heftige Feindseligkeit, sexuelle Unterwürfigkeit oder Schuldgefühle bestimmt sind, können in direktem oder indirektem Bezug zum Analytiker, in den manifesten Aktivitäten des Patienten oder im analytischen Material, in dynamischer und ökonomischer Verbindung mit Veränderungen in den anderen Beziehungen des Patienten erscheinen. Die gesamte Entwicklung kündigt sich nicht selten zunächst in diffusen Widerstandsphänomenen in der analytischen Situation und den dort ablaufenden Prozessen an (Glover, 1955). Die Übertragungsneurose als solche kann natürlich endlos entwickelt werden; wird sie über den Punkt effektiv aufweisbarer Relevanz für die zentrale Übertragung hinaus erweitert, steht wahrscheinlich ihre Widerstandsfunktion im Vordergrund. Man muß sich vergegenwärtigen, daß die ganze Reihe der in der Entwicklung des Individuums stark besetzten Personen ebenso wie die damit verbundene Mannigfaltigkeit von Einstellungen auf eine einzige ursprüngliche Beziehung zurückgehen, auf die Beziehung zur Mutter in der frühesten Kindheit. Stets sind Elemente der »Übertragung« von dieser Beziehung vorhanden, wobei die Verschiebung aggressiver oder erotischer Triebe von der Mutter auf den Vater natürlich am auffälligsten und entscheidendsten ist. In gewissem Sinne ist der ganze Komplex der Übertragungsneurose also ein direkter, wenngleich paradox gegensätzlicher Abkömmling der grundlegenden Bindung und des nicht aufgegebenen Verlangens, das in der Beziehung zum Urobjekt entsteht; das kompliziertere Drama verhält sich dabei zur ursprünglichen Objektbindung ungefähr so, wie Lewin (1946 b) das Verhältnis der Elemente des manifesten Traums zur Traumbedeutung bestimmt. (Dies ist natürlich nicht ohne Beziehung zu Lewins Interpretation [1955] der analytischen Situation im Rahmen der Traumpsychologie.) Ich hebe dies hervor, weil der Patient in der analytischen Situation erneut mit einer einzigartigen Beziehung konfrontiert wird, auf welche alle anderen Beziehungen und Erfahrungen – durch das Medium verbaler Kommunikation – konvergieren, in emotionaler Hinsicht ebenso wie in intellektueller. Diese Konvergenz weist jedoch ein auffälliges

Unterscheidungsmerkmal auf, das durch den intellektuellen oder kognitiven Rückstand bedingt ist. Denn in dieser Dimension spielen die autonomen Ichfunktionen des Analytikers, vermittelt durch seine Deutungen, eine entscheidende operationale Rolle. Im Hinblick auf die Genese dieses Rückstandes muß man dem ursprünglichen (umgekehrten) Unterscheidungsmerkmal, das sich zwischen der zentrifugalen Verteilung der primären Objektlibido und -aggression und den relativ autonomen Wahrnehmungsenergien (der »Aktivität« des Ichs) bilden kann, eine bedeutsame Rolle zuschreiben. Die Ablösung der Libido und der Aggression vom Urobjekt hängt natürlich nicht nur von ihren ursprünglichen Intensitäten ab, sondern auch von den besonderen Formen der frühen Befriedigungen. Wenn wir die grenzenlose panpsychische Freiheit und Möglichkeit der freien Assoziation betrachten, müssen wir annehmen, daß die Assoziationen ihre Form oder Struktur durch eine gestaltende Tendenz erhalten, zu der unsere perzeptive und interpretative Fertigkeit einen angemessenen Zugang findet. Wahrscheinlich handelt es sich bei dieser Tendenz um die latente innere Präokkupation durch die Elemente der Übertragungsneurose,[33] durch die ursprünglichen Übertragungen, aus denen sie sich zusammensetzt, und schließlich durch die abgeleiteten Formen der Urobjektbeziehung selbst, der Urübertragung.

Sofern ein Individuum mehr als eine bloß körperlich-wahrnehmungsmäßig-sprachliche Ablösung vom

Urobjekt erreicht hat, spielen die letzteren Elemente (d. h. die aktuellen Manifestationen der Urübertragung) gewöhnlich nur eine geringe oder unbedeutende Rolle für die faktischen Gegebenheiten einer Analyse. Abgesehen von bestimmten »Borderline«- (und verwandten) Problemen ist ihre Bedeutung metapsychologischer Art. Was uns in der Analyse der Neurosen hauptsächlich beschäftigt, sind die Probleme der abgeleiteten Phase und der strukturellen Konflikte. In einem Fall von ungewöhnlich glücklicher Neurose (!) kann es sich herausstellen, daß die Übertragungsneurose (und somit die Analyse) nur ein Eindringen in das relativ integrierte Konfliktphänomen des Ödipuskomplexes erfordert. In der Sprache haben wir jedoch sowohl ein wirksames und vielseitiges Vehikel für direkte Objektbeziehungen wie gleichzeitig ein wunderbar kunstvolles kommunikativ-referentielles Medium, das die subjektiv erfahrenen Teile oder Totalitäten einer inneren und äußeren Welt endlos vermehrter Dinge, Personen, Eigenschaften und Beziehungen in einem verständlichen Kode von einem Individuum zu einem anderen übermitteln kann. Darüberhinaus war die Beherrschung dieses Kodes (in Verbindung mit anderen kritischen Reifungsphänomenen wie z. B. unabhängige Fortbewegung) ursprünglich von entscheidender Bedeutung für die Befähigung zur physischen Ablösung vom ersten Objekt (bei Aufrechterhaltung der Beziehung) und die allmähliche physische und psychische Bemeisterung der übrigen Umwelt.

Hinsichtlich der Gegenübertragung sollte nach meiner Ansicht für die anderen Aspekte der aktuellen Beziehung dieselbe wichtige und eingrenzende Unterscheidung getroffen werden wie im Falle der Übertragung des Patienten;[34] denn auch hier ist ein Individuum in eine komplizierte Beziehung zu einem anderen Menschen verwickelt, in der sich drei voneinander getrennte, aber ständig aufeinander einwirkende und mitunter integrierte Modalitäten unterscheiden lassen. Da der Patient zumindest über eine erhebliche Freiheit verbalen und emotionalen Ausdrucks verfügt, ist die emotionale Belastung des Analytikers in gewissem Sinne drückender. Im gleichen Sinne ließe sich sagen, daß die Verantwortlichkeit der Eltern größer ist als die des Kindes, oder (um zu einer früheren Seite zurückzukehren), daß der Chirurg eine größere Last trägt als sein angenehm betäubter Patient. Der Analytiker ist für diese Belastung besser ausgerüstet als sein Patient – er sollte es jedenfalls sein. Wenn wir diese ganze Frage aus dem Bereich professioneller Moral, der Selbstherabsetzung oder des Selbstmitleids herausnehmen, können wir den eigentlichen Inhalt der zahlreichen Beiträge über die Gegenübertragung, die in den letzten Jahren erschienen sind, nur um so angemessener einschätzen, d. h. die Erinnerung daran, daß niemand »vollständig« (oder, wie Freud [1937] lieber sagte, »vollkommen«) analysiert ist; daß selbst jene, die diesem Ideal so nahe gekommen sind, wie es sich vernünftigerweise erwarten läßt, bestimmten Individuen oder Situationen gegenüber spezifische Verwundbarkeiten aufweisen, die auch in bezug auf andere Individuen in milderer Form oder flüchtig, aber nichtsdestoweniger wirksam in Erscheinung treten können; daß schließlich die Selbstanalyse der spezifischen »Gegenübertragungsneurose« (Tower, 1956), die in jedem einzelnen Fall in unterschiedlicher Stärke als heimlicher Kontrapunkt auftritt, einen integralen Bestandteil jeder guten analytischen Arbeit bildet. Dies gilt unabhängig davon, ob die Gegenübertragung in einer bestimmten Analyse ihre traditionelle behindernde Rolle oder ihre subtilere fördernde (d. h. »katalytische«) Rolle spielt (Tower, 1956). Man kann niemals sagen, wo die Nützlichkeit einer unanalysierten Reaktion aufhört und Schwierigkeiten beginnen. Ein weiterer wichtiger Faktor, der nur für Zwecke der Darstellung isoliert werden darf, ist die zunehmende Einsicht in die positive, die Wahrnehmung erleichternde Funktion der Gegenübertragung: eine volle Kontrolle und in einem unmittelbaren Sinne angemessene Analyse seines (des Analytikers) sensiblen Bewußtseins von seinen anfänglichen Reaktionen auf den Patienten führt zu einem reicheren und subtileren Verständnis der Übertragungstendenzen des Patienten (Racker, 1957; Weigert, 1954). Dem Verstehen durch vorübergehende empathische Identifikation (Reich, 1960) wäre dies entgegengesetzt, aber doch auch verwandt. Wichtig ist ferner der Hinweis (Money-Kyrle, 1956) auf die spezifischen Formen der eigentümlich eingeengten und emotional gehemmten therapeutischen Anstrengung des Analytikers und die gegenseitigen projektiven und introjektiven Identifikationen, die in Krisen technischer Frustration, d.h. in Krisen, in denen der Analytiker zu keinem Verständnis kommt, auftreten können. Diese Funktion, darauf muß besonderes Gewicht gelegt werden, hat immer den operationalen Primat. In meinen Augen bilden diese Funktion und die dazu gehörende emotionale Haltung zentrale und wesentliche »Befriedigungen« für die im Verhältnis zu primitiven Übertragungsforderungen »reifen Übertragungstendenzen« des Patienten; sie befähigen ihn zur Toleranz, wenn nicht zu positiver Anwendung der Abstinenzregel. Loewalds Ansichten (1960) sind den hier vorgetragenen eng verwandt, in gewissem Sinne stellen sie vielleicht eine Ergänzung dar. Eine wichtige Nebenbedeutung dieser Studien über die Gegenübertragung liegt in der Herabsetzung der rigiden Statusbarriere zwischen Analytiker und Analysand. Sie weisen auf den Patienten im Arzt, das Kind im Elternteil hin (eine Art von latentem oder potentiellem »Auf und Ab« um Phyllis Greenacres [1954] Begriff der »auf und ab schwankenden Beziehung« zu modifizieren). Diese intellektuelle Tendenz kann – was häufig geschieht – überbewertet werden, etwa in der Weise, wie für bestimmte jüngere Therapeuten die magische Kraft der Gegenübertragung zur Determinierung des Behandlungsablaufs einerseits Gegenstand eines euphorisch übertriebenen mystischen Glaubens und andererseits zu einer mächtigen Quelle des Widerstandes beim technisch informierten Patienten geworden ist. Derartig übertriebene Ansichten lassen sich, wenn sie nicht eine spezifische und unmittelbare emotionale Genese haben oder auf Ignoranz zurückzuführen sind, mit einem allgemeinen Mangel an Überzeugtsein von der Wirkung der eigenen Analyse des Therapeuten oder der Wirksamkeit der Deutungstechnik in Zusammenhang bringen. Es mag tatsächlich ein allgemeiner Mangel an Wahrnehmung und Anerkennung des Einflusses bestehen, den das ursprüngliche »Auf und Ab« auf die Übertragung des Patienten ausübt. In der Analyse müssen wir uns letztlich auf dieses »Auf und Ab« in der Situation sowie (das ist sehr wichtig) auf die Aktualität seiner Repräsentanz in den jeweiligen emotionalen und intellektuellen Zuständen der an der Situation Beteiligten verlassen. Wenn sie Übersteigerungen vermeidet, ist eine Sicht der Beziehung, die der Gegenübertragung großes Gewicht beimißt, außerordentlich fruchtbar. Sie rückt die operationale Haltung und Technik des Analytikers, indem sie sie als eine Integration verschiedener wichtiger Faktoren auffaßt, in ein richtigeres Verhältnis, das die Gegenübertragung *immer einschließt*; außerdem erlaubt sie, Nuancen technischer Entscheidung auf einer weitaus aufschlußreicheren und zuverlässigeren Grundlage zu überprüfen als aufgrund *bloßer* Präzedenzfälle, Faustregeln oder pseudomathematischer Gewißheit. Einem Patienten, der Schmerzen hat, Aspirin zu geben oder nicht, in seinem Auge einen Fremdkörper zu suchen oder nicht, ihm ohne Umschweife zu sagen, wo man seinen Urlaub verbringt oder nicht, kann jeweils richtig oder falsch sein; das hängt von den spezifischen Motivationen oder Ängsten des Analytikers im Verhältnis zu den aktuellen Bedürfnissen des Patienten ab oder von den objektiven klinischen Indikationen des Augenblicks gegenüber den gültig bleibenden und rational interpretierten technischen Vereinbarungen. Ein Kunstgriff, der an umfassenden technischen Grundregeln festhält und mit ausschließlich dem Bedürfnis des Patienten entsprechenden therapeutischen Intentionen ausgeführt wird, wird mit geringerer Wahrscheinlichkeit eine signifikante analytische Verzerrung hervorrufen als ein Kunstgriff oder die *Unterlassung eines Kunstgriffs* aus ausschließlich oder in starkem Maße exhibitionistischen, verführerischen, ängstlichen oder zwanghaften Gründen, wie respektabel diese auch erscheinen mögen. Diese Regeln setzen natürlich den allgemeinen analytischen Rahmen voraus und verlangen die Beibehaltung der Abstinenzregel, sofern sie nicht mit höherstehenden menschlichen Bedürfnissen in Widerstreit gerät oder nicht die schwer faßbaren Grenzen überschreitet, von denen ich oben gesprochen habe (vgl. die interessanten Beispiele für beide Richtungen bei Scheunert [1961]). Das Problem der Zunahme unbeantworteter harmloser Fragen bzw. unüberlegt zurückgehaltener Äußerungen eines angemessenen menschlichen Interesses, wo die menschliche Beziehung sie fordert, habe ich oben als eine Sache allgemeiner und objektiver Regeln behandelt. Gleichwohl ist sie nicht ohne Bezug zu der emotionalen Lage des Analytikers; denn für einen ängstlichen oder sadistischen oder zwanghaften Menschen hat eine »Regel« offenkundig eine andere Bedeutung als für ein nicht derart belastetes Individuum. Das allgemeine Problem hängt mit der Frage zusammen, warum (abgesehen von den üblichen Gemeinplätzen oder Klischees) ein Individuum Arzt wird, und insbesondere, warum es sich für dieses Spezialfach entscheidet, das in so starkem Maße durch wohlwollend zweckhafte Frustration des Patienten, durch gelegentliche kundige Unterhaltungen und vielleicht am stärksten durch langes und aufmerksames Zuhören charakterisiert ist und daher verlangt, sich physische und emotionale Zurückhaltung aufzuerlegen. Es ist nicht unsinnig anzunehmen, daß neben den mannigfachen individuellen Faktoren ein allgemeines oder gemeinsames Element der Gegenübertragung in die Überdetermination sowohl der Wahl des ärztlichen Berufes eingeht als auch des Spezialfaches, das in der Vorstellung von Ärzten und Patienten gleichermaßen eine einzigartige Stellung einnimmt. Die Einzigartigkeit dieser Stellung läßt sich vielleicht am besten durch die von naiven Patienten bemerkenswert häufig gestellte Frage illustrieren: »Sind Sie *wirklich* ein Doktor?« Oder: »Sind Sie auch ein *medizinischer* Doktor?« Dies liegt zwar auf einer anderen intellektuellen Ebene, hat aber ohne Zweifel eine Beziehung zu den ernsthafteren Diskussionen darüber, ob die Psychoanalyse ein Zweig der Medizin, eine besondere Entwicklung innerhalb der Psychologie oder eine völlig unabhängige Disziplin sei. Ich würde annehmen, daß, abgesehen von den bekannten Argumenten, die Faszination und Spannung der analytischen Arbeit mit demselben Phänomen zusammenhängen, das die *apriorische* Reaktion des Patienten auf sie hervorruft. Ich denke an den Zustand der Trennung und den der frühkindlichen Entbehrung, die integrale Momente der Situation bilden, und an den Versuch, diese Momente für günstigere Lösungen als die ursprünglich erreichten nutzbar zu machen. Läßt man die spezifischen *Phasen*-Probleme und andere qualitative Aspekte der individuellen Gegenübertragung außer acht, bleiben immer noch quantitative individuelle Unterschiede – Neigungen zu übermäßiger Versagung oder übermäßiger Gewährung (z. B.) – die sich um die zentrale und notwendige Abstinenzregel in der psychoanalytischen Situation drehen, deren geschickte Anwendung zu den beruflichen Grundverpflichtungen gehört. Insoweit das »Entwöhnen« der im Brennpunkt stehende Prototyp der Abstinenz oder Versagung ist, möchte ich auf die historischen Veränderungen des Wortes »wean« (»entwöhnen«)* aufmerksam machen, in deren Verlauf selbst eine sekundäre (nicht-etymologische) Entwicklung der positiven Bedeutung »wean to« (»gewöhnen an«) absolut geworden ist. Dies ist zweifellos mit kulturellen Fragen verknüpft, die jenseits unseres gegenwärtigen Interessenfeldes liegen. Aber es hängt auch symbolisch mit der (veraltenden?) technischen Einstellung zusammen, deren Erneuerung für

---

* Oxford English Dictionary, Bd. 12 (1933).

die analytische Arbeit m.E. von Vorteil sein könnte. Der folgende Abschnitt ist für dieses allgemeine Problem relevant, wenn es auch nicht sein zentrales Thema ist.

Die primäre unbewußte Bedeutung der psychoanalytischen Situation

An dieser Stelle erscheint es angebracht, die unbewußte Bedeutung der psychoanalytischen Beziehung mit derjenigen ihrer Vorläufer in der Medizin und der Chirurgie im Lichte psychoanalytischer Postulate zu vergleichen. Wir wissen, daß bestimmte Individuen im alltäglichen Leben, unter ihnen Ärzte, Geistliche, Lehrer und mächtige politische Figuren, für den durchschnittlichen Erwachsenen eine besondere Übertragungsvalenz haben, die ohne Zweifel auf ihren verschiedenen aktuellen funktionalen Ähnlichkeiten mit den in der frühen Kindheit als omnipotent erlebten oder vorgestellten Eltern beruht. Eine Besonderheit des Arztes liegt darin, daß seine Funktion unzweideutig die der Hilfe, der Rettung von Leben und der Erleichterung von Leiden ist. Autoritäre persönliche Beurteilungen, Bestrafung oder willkürliche Gewalt fehlen oder sind nur miminal; autoritäre Ratschläge hinsichtlich der Behandlung und ihre entsprechende Lenkung sind die Regel. Die Position des Arztes weist wichtige Analogien zu derjenigen der Mutter der vorsprachlichen Periode auf, insbesondere im Hinblick auf ihre Funktionen in Notlagen; mit dem Chirurgen sind oft die erschreckenden (projizierten oder Vergeltungscharakter besitzenden) sadistischen Phantasien verbunden, die in den meisten Fällen auf den Vater verschoben sind, aber von derselben Anlage abstammen. Der direkte manuelle Kontakt in der Untersuchung, die Beschwichtigung tiefsitzender Ängste, die Linderung von Leiden durch Verabreichen von Medikamenten oder andere physikalisch-technische Heilmittel und selbst die in wohlwollender Absicht verstümmelnden Eingriffe der Chirurgie ähneln in wichtigen Hinsichten den unbedingt notwendigen und intim körperlichen Diensten der Mutter in den frühesten Lebensphasen oder der von diesen Diensten ausgelösten primitiven Phantasien – eine Ähnlichkeit, die durch die relativ nebensächliche Bedeutung der sprachlichen Kommunikation in dieser Beziehung, die vermutete hohe Gelehrtheit des Arztes sowie die Unbegreiflichkeit seiner Gedanken und Worte weiter verstärkt wird. Der Arzt ist in der Phantasie eine allwissende, allmächtige und unbegreifliche Elternfigur, die (neben ihren realen Funktionen) bestimmte libidinöse und zuweilen masochistische Wünsche in einem direkten somatischen (oder emotionalen) Sinne befriedigt und einen kleinen Teil[35] seines Wissens und seiner Macht auf seinen Patienten überträgt. Wenn wir jetzt einige Heilverfahren übergehen, die in unserem Kontext eine Zwischenstellung einnehmen – wie z. B. das Auflegen der Hand, die Akupunktur, bestimmte Formen elektrischer Stimulierung, die frühe Praxis

102

der Hypnose –, um die klassische psychoanalytische Situation zu betrachten, finden wir unter dem Gesichtspunkt der Manifestation der infantilen Phantasie, die sie repräsentiert, eine verblüffend andersartige Beziehung. Körperliche Befriedigung ist völlig ausgeschlossen; es besteht die Tendenz, *jede* offensichtliche Form emotionaler Befriedigung oder welcher Bedürfnisbefriedigung auch immer auszuschließen; der Therapeut sucht nur das psychische Leben des Patienten zu verstehen und seine Einsicht dem Patienten zu vermitteln. Dieser letzte Aspekt kommt schon als solcher einer völligen Veränderung der traditionellen ärztlichen Beziehung nahe, wenn er nicht sogar den klaren und eindeutigen Gegenpol zu ihr darstellt. Das hauptsächliche und im Hinblick auf den Zweck allein konsistente Medium, in dem Patient und Psychoanalytiker in Beziehung treten, ist das vokal-auditivpsychologische Medium der Sprache. Als eine Alternative zu der These von Spitz (1956), daß das *analytische Setting*[36] viele Aspekte der frühesten (d.h. objektlosen) Phase der Mutter-Kind-Beziehung zu reproduzieren tendiert, möchte ich den Gedanken vorschlagen, daß, abgesehen von bestimmten Aspekten des äußerlichen Arrangements, das psychoanalytische Setting in seiner allgemeinen und primären Übertragungswirkung von Anfang an dazu tendiert, die wiederholten Phasen des Zustandes einer relativen *Trennung* von den frühen Objekten zu reproduzieren, insbesondere – vermittelt durch das Phänomen extremer Übertreibung – die Periode des Lebens, in der *pari passu* mit der rapiden Entwicklung des großartigen Kommunikationsmediums der Sprache alle Formen körperlicher Intimität mit der Mutter und direkter Abhängigkeit von ihr aufgegeben oder abgeschwächt werden. Nach Spitz (1956) ist auch die Entwicklung der unabhängigen Fortbewegung in dieser Periode von weitreichender Bedeutung. Insofern auch sie in der Analyse gehemmt ist, wird die regressive Belastung des Mediums Sprache außerordentlich erhöht. Es ist offensichtlich, daß die Sprache *das* Instrument unserer Arbeit ist; ich habe schon darauf hingewiesen, daß wir der Sprache Sprache auferlegen, d. h. die »sekundärprozeßhafte« Sprache der Einsicht, unsere Deutungen, mit den freien Assoziationen des Patienten zur Deckung bringen, als ob wir ihm die Wörter und Gedanken für die Beherrschung der Objekte, Impulse und Phantasien seiner inneren Welt zur Verfügung stellten. Dies ist natürlich ein Blick aus der Vogelperspektive auf eine Situation unbegrenzter Möglichkeiten in Richtung der Regression ebenso wie in die der fortschreitenden Nutzung dieser Möglichkeiten durch die autonomen Ichfunktionen des Patienten. Dieser in der psychoanalytischen Situation implizierte Zustand intimer Trennung und die herausragende Bedeutung der Sprache als der einzigen psychobiologischen Brücke stellen ein allgemeines unbewußtes Paradigma des ursprünglichen Kontextes und der Bedingungen intrapsychischer Konflikte her, die sich konkret und individuell in der Übertragungsneurose ausdrücken müssen, wobei gleichzeitig die Möglichkeit besteht, daß dieselbe Struktur zu besseren Lösungen führt. Ein entscheidendes Element für die Möglichkeit solcher besseren Lösungen ist natürlich die – in der Abhängigkeit von der Kooperation eines reifen Ichs begründete – Fiktivität dieses Zustandes.

Biologische und primitivpsychische Aspekte der psychoanalytischen Situation

Da die Psychoanalyse ihren Ort in der Übergangszone von Biologie und Psychologie in der gewöhnlichen Bedeutung dieser Begriffe hat, werde ich im folgenden kurz auf einige ausgewählte Aspekte unserer Arbeit und Erfahrung eingehen, in denen sich Wirkungen dieser Verbindung oder dieses Kontinuums erkennen lassen. Die Psychoanalyse ist sicherlich als eine Behandlung durch Worte und Gedanken (Freud, 1905b) für Störungen entstanden, die auffällige körperliche Symptome und Dysfunktionen umfaßten; die neuere Ausdehnung des Interesses auf die sogenannten psychosomatischen Störungen bedeutet daher eine Vertiefung des ursprünglichen Interesses. Wie immer die praktischen therapeutischen Schwierigkeiten der allgemeinen Anwendung psychosomatischer Prinzipien im Bereich der medizinischen Praxis (und es gibt viele) oder die einer präziseren Pathologie (Gitelson, 1959) aussehen mögen, es besteht gegenwärtig wenig Zweifel an der Gültigkeit des grundlegenden und allgemeinen pathologischen Konzepts (wenn es angemessen formuliert wird). In der psychischen Dynamik, die sich in bestimmten schweren körperlichen Krankheiten manifestiert, spiegelt sich die organismische Tiefe wider, die das erkannte oder erschlossene psychobiologische Kontinuum erreichen kann. Aus dem gleichen Grunde fordern umgekehrt der Prozeß und die Situation, die eine solche Pathologie sichtbar machen, zu größerer Aufmerksamkeit auf ihre eigene biologische Dynamik heraus.

Wenn ich richtig sehe, sind die archaischen oder paläopsychologischen Elemente, die primitiven, prägenitalen, auf das Objekt oder Teilobjekt gerichteten Triebe oder die noch früheren objektlosen Abfuhrspannungen außerordentlich eng mit dem vitalen somatischen Substrat verbunden, hängen in gewisser Hinsicht nachweisbar mit ihm zusammen oder sind von ihm abgeleitet. Diese Elemente und die von ihnen abgeleiteten Phantasien sind mit mächtigen affektiven Potentialen befrachtet. In dem Maße, in dem die Impulse, Phantasien und Affekte dieser Phasen nicht erfolgreich in spätere Entwicklungsphasen und deren Ausdrucksmedien integriert werden, muß im Hinblick auf ihre Möglichkeit zu direkter Abfuhr zum großen Teil auf sie verzichtet oder sie müssen stark gezügelt werden. Wir haben Grund zu der Annahme, daß eine derart enge physiologische Beziehung zum somatischen Substrat in unterschiedlicher Stärke fortbesteht (bei bestimmten Individuen kann sie sogar *relativ* verstärkt werden), wenn die Objektbeziehung reift, die Verdrängung zunehmend wichtiger wird und die Strukturierung des psychischen Apparates fortschreitet. Der Psycho-physiologie des integrierten erwachsenen Sexual-erlebens am nächsten stehen die mit der infantilen Wahl des Sexualobjekts zusammenhängenden unbe-wußten Konflikte – besonders auffällig der Inzest-komplex –, die als Kernelemente mit den organisch weniger tiefgreifenden, primär reversiblen Verände-rungen verknüpft sind, die traditionellerweise der Konversionshysterie zugeordnet werden.

Jede Beziehung zwischen zwei Menschen enthält ein Potential, das in seiner Intensität und Qualität von ruhiger und glückseliger oraler Verschmelzung über kannibalistische Inkorporation oder Destruktion bis zum philosophischen Dialog reicht. Bei den meisten Erwachsenen geht die proximale Vorstellung *körper-licher* Intimität, sofern sie überhaupt zugelassen wird, entweder in Richtung irgendeiner Form von sexueller Vereinigung oder in die des Kampfes; Derivate der jeweiligen Vorstellung finden sich im Spiel und in der Kunst und natürlich in der spezifischen Beziehung zum traditionellen Arzt oder Chirurgen oder seinen Ver-tretern, insbesondere zur Krankenschwester, die leicht zum Objekt der *zärtlichen* Komponenten der mütter-lichen Übertragung werden kann.

Da die frühesten körperlichen Antriebe, die nicht ohne die Hilfe eines anderen Individuums zur Wirkung kom-men können und für das Leben selbst wie auch die (libidinöse und aggressive) Triebentwicklung notwen-dig sind, ihren fokalen Ausdruck im Mund finden, sind einige Bemerkungen über diese Zone angebracht.

Diese Antriebe sind natürlich mit entsprechend intensiven somatischen Reaktionen verbunden. Ein aktueller (nicht-psychotischer) aggressiver Gebrauch von Mund und Zähnen kommt bei einem Erwachsenen, abgesehen von Situationen verzweifelter Verteidigung, relativ selten vor. Und auch die häufig vorkommenden Vampirphantasien werden kaum je in irgendeiner Form verwirklicht. Der Mund hat immer eine wichtige sexuelle Bedeutung (bei einem fortschreitenden Zusammenbruch der kulturellen Verbote oral-genitaler Praktiken); und der Wunsch, einen anderen, den man liebt, zu verschlingen, ist immer noch ein Element der zärtlichen Sprache von Liebenden und liebenden Eltern. Andererseits berührt der Kampf mit kannibalistischer Aggression oder jede Art von Töten mit den Zähnen ein vielleicht noch strengeres Tabu als das Inzesttabu. Selbstverständlich hängen die beiden miteinander zusammen, einmal durch das Totemfest und durch die zugrunde liegenden, auf die Mutter gerichteten aggressiv inkorporativen Triebe.[37] Für das Tabu der kannibalistischen Aggression finden sich in zwei bedeutsamen Hinsichten biologische Stützen. Die eine ist die Entwicklung außerordentlich vielseitiger, feinfühliger und geschickter *Hände* für motorische Aktionen. Auch in taktiler und stereognostischer Hinsicht sind die Hände äußerst sensibel und höchst perzeptiv. Sie spielen ferner eine wichtige Rolle in der erotischen Aktivität; sie sind das wichtigste und effektivste Organ für feindselige Akte, und für die zahllosen Werkzeuge, Instrumente und Waffen, die der Mensch entwickelt hat, sind sie zweifellos das entscheidende Verbindungsorgan. Krapf (1956) hat hervorgehoben, daß die Hände (und Arme) auch an einer gewöhnlich mit Inkorporation (libidinöser Art) verknüpften Funktion beteiligt sein können. Die zweite Stütze ist die in noch höherem Maße spezifisch menschliche Funktion, nämlich die *Sprache*, eine autonome Ichfunktion, die den Menschen in die Lage versetzt, das ganze evidente Universum und seine Reaktionen zu kodieren und solches Material anderen Menschen zu übermitteln. (Bezüglich des *Überichs* vgl. Isakowers Hervorhebung der auditiven Sphäre [1939] und Waelders etwas früheres Konzept der »formalen Funktionen« als Voraussetzungen für Sprache und Kultur [1937].) Die Entwicklung der Sprache gibt dem Menschen auch die Möglichkeit einer Verschiebung in der libidinösen und aggressiven Ökonomie von weitreichender Konsequenz. Bei günstiger Entwicklung ermöglicht diese unentbehrliche Funktion ein komplexes System sublimierten (oder neutralisierten) Ausdrucks der ursprünglichen oral-destruktiven Aggressionen und bestimmter unhaltbarer analer und urethraler Impulse und gleichzeitig ein gegen diese Impulse gerichtetes Abwehrsystem. Dasselbe gilt für die primitiven oral-libidinösen Impulse und Phantasien, die weitgehend aufgegeben werden müssen: saugen an lebenden Objekten und der libidinöse Anteil des Triebes, Objekte zu inkorporieren. In der kulturellen Funktion der Sprache ist ferner eine Art von Zurücknahme destruktiver Aggressionen impliziert – am konkretesten und dauerhaftesten in der

Form gedruckter Bücher (einer Form manuellen Ausdrucks!). Es läßt sich noch ein dritter Faktor bezeichnen, der das Tabu oraler Destruktion stützt. Es ist ein eindeutig kultureller Sachverhalt, doch meines Wissens so weitverbreitet, daß man an der Existenz von Stämmen, bei denen er nicht vorkommt, zweifeln muß. Zu den wesentlichen Anwendungsweisen und unbewußten symbolischen Bedeutungen des *Feuers* gehört seine Verwendung beim Kochen. In seiner ursprünglichen Bedeutung verringert dieser Prozeß das für kräftiges und längeres Beißen und Kauen erforderliche Maß an Energie und setzt daher Energie frei für Verschiebung, für differenziertere Nutzung oder für Neutralisierung. (Zur oral-aggressiven *Symbolik* des Feuers und Folgerungen daraus vgl. Arlow [1955] und Joseph [1960].) In der psychoanalytischen Situation befinden sich zwei Individuen in dem bereits erörterten Zustand »intimer Trennung«; sie drücken in dieser Situation die ganze Skala von Spannungen, die zwischen ihnen entstehen mögen, fast ausschließlich[38] im Medium der Sprache aus. Sie verzichten in dieser Situation nicht nur auf jegliche Ortsveränderung vermittels ihrer Gehwerkzeuge, sondern auch auf die Benutzung jenes spezifisch menschlichen Werkzeugs, das biologische Entlastung tiefsitzender oral-aggressiver Spannung verschafft, auf die Benutzung der Hände. Insofern besteht eine offensichtliche Ähnlichkeit mit bestimmten normalen Voraussetzungen des Träumens. Selbst lebhafteres Gestikulieren, eine Form von Sprache (vgl. Needles, 1959), kann in verhältnismäßig kurzer Zeit wie andere sym-

ptomatische Akte auch den Charakter von Unein-
deutigkeit annehmen und dadurch den analytischen Prozeß auf der Ebene der Sprache erleichtern.[39] Die enge Beziehung zwischen Hand und
Mund in den frühen Phasen der Entwicklung ist von
vielen Psychoanalytikern hervorgehoben worden, u. a.
von Hoffer (1956) und Spitz (1957). Durch die Intensität
der psychoanalytischen Beziehungen (d. h. Häufigkeit
und Dauer der Sitzungen) tritt eine »alltägliche« Erwägung hinzu, welche die primordiale Phantasie eines
einzigen ursprünglichen Objekts als Alternative zur
übrigen Welt zu stützen pflegt. Der Kampf gegen Trennung (der fundamentale *biologische* Faktor der Angst
[Freud, 1926a]) ist eines der grundsätzlichen allgemeinen Probleme der menschlichen Entwicklung, das
in der primitiven Phantasie ganz summarisch durch
orale Inkorporation oder von ihr abgeleitete (vielleicht verwandte?) Phänomene (Fenichel, 1937) mit
wechselnden Anteilen von Aggression oder Libido ab-
gewehrt wird. Es ist daher nicht erstaunlich, daß der
Druck solcher Impulse die überlastete Funktion der
Sprache, dieses konsistente und entscheidende Medium
psychoanalytischer Arbeit, nicht selten mit Stockungen
oder längeren Unterbrechungen bedroht. Aus dem
gleichen Grunde ist es nicht irrelevant, daß die Beziehung zwischen »leerem« Schweigen und dem auftau-
chenden Übertragungsmaterial eine der frühen (und
für immer nützlichen) Entdeckungen hinsichtlich der
Bedeutung der Übertragung für die Technik war.
(Freud, 1912a, S. 364 ff.). Money-Kyrle (1956) beschreibt

das entsprechende Problem beim Analytiker, bei dem ein Fehlen oder eine Hemmung des *Verständnisses* durch Introjektion des Patienten korrigiert wird oder zu komplexeren introjektiv-projektiven Vorgängen führt. Wenn diese Mechanismen größere Gegenübertragungskrisen zur Folge haben, müssen sie zumindest in ökonomischer Hinsicht von den rudimentären Elementen emphatischer Identifikation unterschieden werden, die in jedem wirklichen Verstehensprozeß eine Rolle spielen. Selbstverständlich gibt es auch, im Einklang mit dem allgemeinen Dualismus in menschlichen Antrieben, eine eng mit der biologischen Reifung zusammenhängende, nicht-pathologische Tendenz zur Trennung und individuellen Entwicklung, die *gegen* das Anklammern an ein ursprüngliches Objekt gerichtet ist. Sofern sie mit einer vorwiegend libidinösen Objektbeziehung verbunden ist, läßt sich diese positive Tendenz zur Trennung als Ursprung der oben erörterten »reifen« Form von Übertragung verstehen, die durchaus die elementare Grundlage für die Einsicht als einer autonomen Ichfunktion – im Gegensatz zu ihren von Ernst Kris (1956) beschriebenen primitiven symptomatischen oder Übertragungsfunktionen – bilden kann. Das Element in der therapeutischen Beziehung, auf das ich mich hier beziehe, ist natürlich seit langem erkannt und seit Freud (1921 a) in einer Vielzahl von Begriffen und deskriptiven oder differenzierenden Wendungen formuliert worden (vgl. z. B. Lagache, 1953; Macalpine, 1950). Meine Betrachtung legt den Akzent auf seinen (relativ) unabhängigen Ursprung und seine Wirksamkeit. Man könnte sich in der Tat einen Aspekt der von Kris (1956) so vortrefflich beschriebenen »guten Analysestunde« als eine Akzentverschiebung in der dreiphasigen persönlichen Beziehung in Richtung auf eine Wahrnehmung des Analytikers vorstellen, die seine richtig verstandene Rolle als wirkliche Person mit Libido besetzt, spezifischer: als erfolgreicher Interpret der inneren Welt das Analysanden, bei entsprechender Zurückziehung der Besetzung von primitiven therapeutischen Übertragungsbildern, d.h. von ihren Es-Aspekten ebenso wie von ihren Überich-Aspekten. Denn die unmittelbare Erfahrung wahrhaft integrierter Einsicht schließt gewöhnlich eine Es- (d.h. eine orale oder Greif-) Komponente ein (Kris, 1956). Im gleichen Sinne stellen die positive Reifungstendenz und die mit ihr einhergehende Übertragungserwartung eine Basis bereit, auf welcher der eigentliche Dialog der Analyse, d.h. die freie Assoziation und die Deutung, allmählich eine relativ autonome funktionelle Bedeutung annehmen kann. Für den Patienten wird dadurch die Möglichkeit einer angemessenen Verteilung von Libido und Aggression von einem einzigen Objekt auf die übrige Welt sowie einer Kommunikation mit einem geeigneten Objekt *über* die Welt *und* über sich selbst signalisiert. Dies steht im Gegensatz zu einem Gespräch, das als solches in erster Linie eine stark besetzte Beziehung zum Übertragungsobjekt repräsentiert, mit der implizit zugrunde liegenden Tendenz, dieses Objekt an die Stelle der Welt zu setzen.[40] Mit Übertragung im letzteren Sinn meine ich eine Übertragung, die aus dem hartnäckigen, auf Einverleibung zielenden Verlangen nach Vereinigung mit dem ursprünglichen Objekt entspringt, die erste und allgemeine Anlage des »Übertragungswiderstandes«, die deshalb dem Verlangen nach Verstehen, nach Unterweisung und Erleichterung der Verschiebung des Interesses auf die Umwelt entgegengesetzt ist (vgl. Nunberg, 1951). Sie läßt sich noch im Kampf des kleinen Kindes mit der Sprache beobachten, in den dauerhaften Neologismen und Privatbedeutungen der Sprache, die von Kind zu Kind außerordentlich variieren. Bei schwerer Krankheit erscheint sie im Extremfall als vollständiger Mutismus, eine massive krankhafte Form der weniger paradigmatischen Erscheinung des »leeren« analytischen Schweigens. Die ökonomische Verschiebung in der klinischen Übertragung, auf die ich hingewiesen habe, läßt sich nicht immer so leicht erreichen, wie wir manchmal glauben. Mir ist dies durch die ziemlich plötzliche direkte Äußerung einer sehr intelligenten Patientin drastisch deutlich gemacht worden, die nach Beendigung der Analyse mehrere Jahre lang zu gelegentlichen Folgeinterviews kam. Es befriedigte die Patientin, daß sie mich jetzt als *Analytiker* und in einem *positiven* Sinne betrachten konnte! Wichtig ist auch zu sehen, daß die Neuverteilung von Aggression und Libido, von der wir hier sprechen, scharf vom »Agieren« unterschieden werden muß, bei dem andere Objekte wahrnehmungsmäßig verschiedene *Substitute* für das Übertragungsobjekt sind und gewissermaßen die ursprüngliche Störung wiederholen. Das Mißlingen einer solchen aktuellen und ursprünglichen Verteilung ist meines Erachtens eines der allgemeinen und grundlegenden Phänomene in der Pathogenese der Neurosen.

Die Rolle der Sprache in der Analyse, auf die ich schon mehrfach verwiesen habe, ist zum Gegenstand wichtiger Untersuchungen gemacht worden. Ich möchte auf einige, die für unser gegenwärtiges Thema von besonderer Bedeutung sind, kurz eingehen. Sharpe (1940) hat in einer kurzen Arbeit über die Metapher den Anteil der Triebe an der Bildung der Sprache hervorgehoben: das Zusammentreffen der Errichtung der Sphinkterkontrolle mit dem Beginn der Sprache, der Fähigkeit von Wörtern, körperliche Substanzen samt entsprechenden Affekten zu repräsentieren, und (so könnte man sagen) die »Rückkehr« der ursprünglichen Triebkomponenten im Gebrauch metaphorischer Ausdrücke in der freien Assoziation der Analyse. Fliess (1949) ist in einer Studie über die freie Assoziation und die Phänomenologie der regressiven »Schweigeperioden« in der Analyse dem Thema der Sprache weiter nachgegangen. Von mehreren interessanten Schlußfolgerungen in dieser Arbeit sind die folgenden für unsere Diskussion relevant: (1) daß das regressive Element im Verlauf der freien Assoziation, an der aktuelle physiologische Energien beteiligt sind, als solches eine Kraft darstellt, welche die Verdrängung zu schwächen tendiert; und (2) daß das »orale« Schweigen sich als eine vorübergehende »Depravation« der Sprachfunktion auffassen läßt, als ein Phänomen, das mit dem bedrohlichen Auftauchen archaischer oraler (einschließlich oral-inkorporativer) Impulse zusammenhängt. Lewin hat in seiner Neuinterpretation der psychoanalytischen Situation im Kontext der Traumpsychologie (1954, 1955) erneut die Analogien zwischen der analytischen Situation und der Hypnose hervorgehoben, etwa in dem Wunsch zu schlafen. Der Analytiker, der von der Richtung seiner Deutungen abhängt, wird in gewissem Sinne zu einem Erwecker (wenn er Es-Energien deutet) oder zum Gegenteil (wenn er eine Ich-Abwehr deutet). In diesem Zusammenhang legt Lewin kein Gewicht auf die anderen Elemente seiner »oralen Triade«, obwohl sich ihr dynamischer Ort in seinem Konzept angeben läßt. Aus meiner Sicht müßte es – da Sprache *par excellence* eine Weise der Kommunikation und somit der Objektbeziehung ist – das Element kannibalistischer Inkorporation sein, projektiver wie introjektiver, welches das ursprüngliche Übertragungssubstrat bereitstellt, auf dem die ganze Erscheinung der Sprache oder (in diesem Kontext) der Mangel an Sprache beruht. Lewin (1954) sieht im »leeren Traum« eine genaue Parallele zum Schlaf in der Analysestunde. Im Zusammenhang mit der Auffassung vom Analytiker als einem väterlichen »Störenfried« erwähnt er beiläufig einen von mir (1947) beschriebenen Patienten (mit einem Zwölffingerdarmgeschwür), der jedesmal, wenn ich zu sprechen begann, in tiefen Schlaf fiel. Dieses Verhalten bedeutete eine tiefe, wenngleich vorübergehende, narzißtische Regression, in der – in komplexer und überdeterminierter Reaktion auf *meine Worte* als auf Penis

116

oder Brust – libidinöse und sadistische Impulse sich vereinigten und sich nach innen wendeten. Ich würde annehmen, daß der »Wunsch, verschlungen zu werden« ebenfalls vorhanden war, da meine Rede projektiv auf ihr ursprüngliches (kannibalistisches) Substrat reduziert wurde. Das psychische und emotionale Leben eines Individuums schien an dieser Stelle in seiner gesamten Komplexität auf die Konfliktsituation konzentriert zu sein: (intrauteriner oder vorgeburtlicher) Schlaf *versus* Sprache, mit den kannibalistischen Impulsen als vorübergehend unpassierbarer Brücke zwischen ihnen. Man kann sich vorstellen, wie ein solcher latenter Mechanismus – solange er in der analytischen Situation nicht völlig oder teilweise »durchgearbeitet« ist – die gesamte Struktur der Persönlichkeit belastet, für welche die ausgedehnten und weitreichenden Verzweigungen der Sprache eine so bedeutende funktionelle Rolle spielen. In den depressiven und möglicherweise auch in den katatonischen Erstarrungszuständen finden sich wahrscheinlich umfangreiche pathologische Varianten desselben miniaturhaften Modells. Spekulationen über einen möglichen Zusammenhang mit den psychischen Mechanismen, die bei einer Elektroschock- oder Insulintherapie ablaufen, muß ich den mit diesen Verfahren Vertrauteren überlassen.

Loewenstein (1956) hat der Rolle der Sprache in der psychoanalytischen Technik eine Studie gewidmet. Obwohl er sich hauptsächlich auf die operationale Rolle der Sprache als einer Ichfunktion, ihrer Funktion als

Kommunikationsmedium für den Erwachsenen, konzentriert, betont er auch die erhöhte subjektive Realität, die einer Erinnerung oder einem Gedanken verliehen wird, wenn sie dem Analytiker mitgeteilt werden. An anderer Stelle (1956) sagt derselbe Autor anläßlich einer Betrachtung der entscheidenden dynamischen Rolle der Verbalisierung als solcher in der psychoanalytischen Behandlung, daß »gesprochene Wörter durch den Akt des Sprechens erzeugte Objekte werden«. (Ein verwandtes, primitiveres Phänomen mag die Wirksamkeit von Sechehayes »symbolischer Realisierung« [1956] bei Schizophrenen erklären.) Dieses Phänomen läßt sich ohne Schwierigkeiten zumindest teilweise mit der Zwischenstellung der Sprache zwischen psychischer und somatischer Aktivität in Verbindung bringen, mit ihrer Stellung zwischen der immaterialien psychischen Welt, zu der sie so entscheidend beiträgt, und der Welt der materiellen Objekte, die sie in (zumindest anfänglicher) Opposition gegen die destruktiven Impulse ständig neu erzeugt, was vielleicht in erster Linie und am auffälligsten durch den Mund und seine Aktivitäten repräsentiert wird. Es ist wahrscheinlich kein Zufall, daß die aggressiven Funktionen der Sprache, wie Loewenstein (1956) bemerkt, in ihrer objektiven Wirksamkeit die Aktionen *übertreffen* können, an deren Stelle sie treten. Abgesehen von den unendlichen Möglichkeiten für Feinheit und Nuanciertheit der Sprache als einer spezifischen Funktion müssen wir im Hinblick auf die besondere Effektivität ihrer aggressiven Funktion erkennen, daß Aggressor und Opfer in einer sprachlichen Attacke die archaischen Phantasien teilen, die sich vom Mund und den Zähnen ableiten.[41]

Meine eigene Studie über »The Principal Obscene Word of the English Language« (1954a) erwähne ich nur, weil ich glaube, daß sie illustriert, welche komplexen Trieb- und Abwehrmomente sich hinsichtlich der Genese eines einzigen Wortes rekonstruieren lassen, und daß sie daher bestimmte Annahmen über die allgemeine Struktur der Sprache zumindest nahelegt. Gleichgültig, wie es aktuell gebraucht wird, überwiegen die expressiven und evokativen Elemente eines obszönen Wortes natürlich bei weitem seine relativ objektive Bedeutung in bezug auf einen Gegenstand. Die kleinste Nuance in der Stimme oder im semantischen Kontext kann der sexuellen Bedeutung eines solchen Wortes eine Wendung in die Richtung von Verachtung oder Aggression geben. In der Geschichte und Struktur des jeweiligen Wortes werden sowohl diese Möglichkeit als auch der lange Weg von der oralrezeptiven zur phallischen Sphäre deutlich. Die Wirkung eines obszönen Wortes besteht in den halluzinatorischen Evokationen, an denen alle Sinne beteiligt sein können, als ob es sich um körperliche Akte, um körperliche Berührung handelte. Von diesem sehr vorteilhaften Ausgangspunkt einer feststellbaren primitiven Wirkung aus kann das Studium solcher Wörter zu unserem allgemeinen Wissen von der Sprache wie zur Sprachtheorie Erhebliches beitragen. Denn neben dem wie auch immer durch sprachliche Veränderung abgeschwächten oder gedämpften spezifischen semantischen

Inhalt bleiben die Elemente von Aktion, Berührung, Ausstrahlung, Rezeption und halluzinatorischer Vorstellung in der Sprache wirksam und gewinnen in der psychoanalytischen Situation, in der andere als sprachliche Formen menschlicher Beziehung kaum eine Rolle spielen, eine übergroße Bedeutung.

Es versteht sich natürlich, daß die Sprache eine Funktion ist, für die der Mensch eine spezifische neurophysiologische Ausstattung besitzt, daß sie eine autonome Ichfunktion ist. Gleichwohl ist ihre Autonomie – wie die aller vergleichbaren Funktionen – relativ; sie ist für Regressionen und für Konflikte anfällig. Außerdem ist sie an sich selbst ein Medium aktueller Objektbeziehungen,[42] das sich ausbildet, wenn die intimeren und direkten körperlichen Kontakte mit der Mutter allmählich aufhören oder sich stark abschwächen. Als eine aktuelle, wenn auch komplexe, durch Sinne vermittelte Beziehung zwischen zwei Individuen kann sie regressiv als eine Einheit benutzt werden, als an die Stelle der primitiveren körperlichen Impulse tretender Ausdruck ebenso wie als Substitut für die Kommunikation der sekundären psychischen Prozesse und für die Vorstellungen und Abstraktionen der gesamten inneren und äußeren Welt. Daher hat die Sprachbeziehung auch eine wichtige ökonomische Bedeutung für die Übertragungsbeziehung. Bei entsprechender Disposition des Individuums kann sie eine, wenngleich vorübergehende, nachweisbare und bedeutende Ersatzrolle im Sexualleben eines Analysanden spielen. Dafür habe ich in meiner eigenen Praxis bei Individuen von erwiesener reifer sexueller Potenz auffällige und eindeutige Beispiele beobachtet. Insofern Sprache in ihrer engen Verbindung mit dem Denken, die bis in die kompliziertesten Integrationen und Abstraktionen hineinreicht, eine gesonderte und spezifische Funktion darstellt, ist es andererseits nicht völlig richtig, das Verstehen sprachlicher Mitteilungen etwa einfach mit Introjektion oder das Phänomen der Anerkennung einer mutativen (Übertragungs-) Deutung mit Introjektion von Teilen eines guten Objekts gleichzusetzen (vgl. Strachey, 1934; ferner seine und Fenichels Beiträge zum Symposium, 1937). Dieselbe Einschränkung ergibt sich aus Money-Kyrles erhellendem Beitrag zu den Problemen des Verstehens in der Gegenübertragung (1956). Es gehört zu seinen wertvollen Einsichten, das Kontinuum zwischen primitiven Mechanismen und Verstehen sowie die wahrscheinlich fortgesetzte integrierte Beteiligung dieser Mechanismen am Verstehen aufgezeigt zu haben; das gleiche gilt hinsichtlich der Bewußtheit der regressiven Potenz, ob als pathologische Erfahrung oder als eine Erfahrung »im Dienste des Ichs«. Der letzte Punkt schließt vermutlich das Phänomen der wohlwollenden und vorübergehenden empathischen Identifikationen ein, das für das Verstehen dann besonders wichtig ist, wenn die gewöhnlichen Modi der Kommunikation sich als nicht ganz angemessen erweisen (Fenichel, 1937). Indes, die Vermittlung von Einsicht als solcher, die Neutralisierung von Triebenergien, die Umwandlung von primärprozeßhaften Elementen in kontrolliertes Denken, die

Erweiterung des integrierten Ichbereichs – alle diese Erscheinungen sind zum großen Teil durch die unentbehrliche Funktion der Sprache vermittelt, insbesondere in ihren Referenzfunktionen. Wenn wir uns die Beziehung zwischen normalen Individuen als eine im Einklang mit den gegenseitigen Übertragungsbedürfnissen stehende Art wechselseitiger Psychotherapie vorstellen, können wir sie (zumindest teilweise) als eine Sache wechselseitiger Introjektion ansehen; von dem entsprechenden pathologischen Mechanismus (z. B. dem einer Depression) sollten wir sie jedoch deutlich unterscheiden, da dieser Mechanismus archaischen Charakters ist und das Übergewicht hat, was libidinöse und aggressive Besetzung hinsichtlich des Objekts oder die unbewußte Repräsentation des Objekts angeht. Verständnis, Liebe, Bewunderung, Hilfe, Bekanntschaft seiner Freunde kann man annehmen und Züge, die man bewundert, sogar in sich aufnehmen. Was jedoch solche Beziehungen von ihren primitiven Entsprechungen unterscheidet, ist die Erhaltung des Objekts und der libidinösen Objektbeziehung. Diese Erhaltung hängt entscheidend davon ab, ob die Beziehung sich überwiegend im Medium der neutralisierten Energien der Sprache und verwandter Formen vollzieht. Die archaischen Mechanismen bleiben zwar bestehen, ihre ökonomische Funktion ist jedoch gewöhnlich minimal, manchmal bedeutungslos, etwa im Sinne, daß sich Träume eines »normalen« Individuums (nach meiner Beobachtung) von denen eines schwer kranken Individuums nicht auffällig unterscheiden müssen. In Träumen erscheinen bestimmte Tendenzen manchmal in besonderer Klarheit, vor allem dann, wenn ihre quantitative Rolle im Charakter oder im Symptom sich in einem bemerkenswerten Maße vermindert hat. In einem noch spezifischeren Sinne gilt dies im Hinblick auf die Freiheit, früher abgewehrte Gefühle und Ideen sprachlich auszudrücken. Was den Zusammenhang von Sprache und Denken einerseits und primitiven introjektiven Mechanismen andererseits angeht, können wir annehmen, daß neben dem ökonomischen Faktor im allgemeinen Sinne das Vorhandensein, die Natur und der Grad *ursprünglicher*, gegen die frühesten Objekte gerichteter, destruktiver Aggression von entscheidender Bedeutung ist, und daß dieser Faktor die sich später entwickelnden differenzierteren Mechanismen, wenn nicht offen hemmen, so doch empfindlich oder unstabil machen oder ihre Integration beeinträchtigen kann (vgl. Flescher, 1953). Wir alle kennen Individuen, die sich durch große sprachliche Gewandtheit und Flüssigkeit auszeichnen, deren Rede jedoch eine auffällige Beziehungslosigkeit oder nur oberflächliche Beziehung zur Tiefe des Denkens und Fühlens offenbart. Dieses Phänomen hat eine gewisse Ähnlichkeit mit der früher erwähnten wahrnehmungsmäßigen »Differenz«. Die unter dem Gesichtspunkt der Analysierbarkeit häufig hochgeschätzte sprachliche Gewandtheit ist in solchen Fällen trügerisch; sie ist als solche ein starkes Vehikel des Widerstandes, das dazu tendiert, auf eine frühe und auffällige orale Übertragungsentwicklung mit gleichermaßen auffälliger Regression zu reagieren, wenn

Ambivalenzen sich geltend zu machen beginnen. Der Redefluß entspricht in solchen Fällen oft einer Disposition zum Saugen (Brust oder Fellatio), die als eine regressive Abwehr gegen tiefsitzende orale Aggression fungiert. Es ist, als ob die Fähigkeit, die Zähne für die *Nahrungsaufnahme* zu benutzen, auf Kosten der Tiefe, der Kontinuität und der Integration der psychischen »Dimensionen«, wie sie sich in der Sprache widerspiegeln, bewahrt worden wäre.

Ein bisher wenig beachteter Aspekt der Sprachbeziehung in der Analyse ist ihre Bedeutung für die Triebökonomie bei Beendigung der Analyse. Wir können sagen, daß der Patient in der Übertragungsneurose sich ständig vergeblich bemüht, durch das Medium der Sprache mit allen ihren vielfältigen Funktionen und gewöhnlich bis zu einem gewissen Grade durch Sprache als ein im buchstäblichen Sinne Vehikel für »Kontakt« Befriedigung für verdrängte Übertragungsbedürfnisse zu finden. Das Ende einer Analyse ist gleichzeitig das Ende einer umfassenden und komplexen Beziehung, in die viele Aspekte hineingespielt haben, an der die psychophysiologische Funktion der Sprache jedoch den überragenden Anteil gehabt hat. Was abbricht, wenn die Analyse beendet wird, ist in erster Linie das durch Häufigkeit, Regelmäßigkeit und einen spezifischen Rahmen von (verpflichtender, aber freiwillig anerkannter) Freiheit gekennzeichnete »Sprechen« und die Beziehung zu einem spezifischen und konstanten Objekt. Da die Sprachbeziehung nicht nur beinahe alles übermittelt, was der menschliche Geist sich vorstellen

kann, sondern auch einen aktuellen motorisch-senso-
rischen Kontakt zwischen zwei Menschen darstellt,
überläßt sie sich nur allzu leicht verborgenen Tendenzen
des Übertragungswiderstandes, einer Art paradoxen
»Agierens« der ursprünglichen Übertragungstendenzen
im Rahmen der aktuellen analytischen Arbeit. Wie die
Einsicht, für die sie eine so entscheidende Rolle spielt,
muß die Sprache zu einer weitgehend autonomen Ichfunktion geworden sein, wenn das Reden in der Analyse aufgegeben werden soll, ohne signifikante Rück-
zugsreaktionen zur Folge zu haben. Den Begriff »Rück-
zug« verwende ich wegen seiner hier passenden starken physiologischen Nebenbedeutungen mit Bedacht.
Das Ende der Analyse ist eine Veränderung, die hinsichtlich des Grades, in dem sie wirklich erreicht wird,
bei den einzelnen Individuen stark variiert. Die meisten erreichen sie – wie die Auflösung der Übertragung – in einem praktischen klinischen Sinne. Mit der
aktuellen triebökonomischen Bedeutung, welche die
analytische Beziehung aufgrund der bloßen Tatsache
ihres fortgesetzten Bestehens für das Leben eines Individuums gewinnt, muß man bei allen Patienten rechnen,
insbesondere aber bei Menschen, für welche die Urübertragung eine psychologische (eher als eine metapsycho-
logische) Realität ist. Wenn solche Patienten überhaupt
imstande sind, sich in einem genuinen Sinne auf die
Übertragung einzulassen, ist eine höchst einfallsreiche
Verbindung von Instruktion, kontrollierter Befriedigung und Deutung erforderlich, um ihnen die allmähliche Trennung zu ermöglichen, die sie in ihrer frühen

Kindheit niemals wirklich erreicht haben. Nach meinem Eindruck hat die – geplante und regelmäßige oder ungeplante und unregelmäßige – Verminderung der Anzahl der wöchentlichen Analysestunden in der Schlußphase der Analyse, die manche Patienten verlangen, nicht nur eine offenkundige und wichtige kognitive Funktion; sie ist auch ein subtiler (nicht immer geschätzter) »psychosomatischer« Prozeß der Abschwächung (der Beziehung zum Analytiker). Auf der Skala der relativen Auflösung von Übertragungen findet sich neben anderen wichtigen Variablen die Leichtigkeit, mit der eine solche Auflösung sich vollzieht; sie steht in einem bedeutsamen Zusammenhang zur Leichtigkeit und Unverfälschtheit, mit der die eigentlich wirksame therapeutische Übertragung aufgebaut werden kann; denn die Borderline-Fälle, die Süchtigen und andere schwere Krankheitsformen fürchten die Bindung, die ihnen bloß eine alptraumhafte Welt zu versprechen scheint, welche sich in der Antizipation allein um den Preis erschreckender Aggression und Angst auflösen oder abschwächen läßt. Die »reifen« Übertragungsmöglichkeiten solcher Individuen sind dünne Fäden der Sehnsucht, die kundiger Behandlung bedürfen; einige Kollegen haben diesem Problem ihre besondere Aufmerksamkeit gewidmet. Für solche Patienten wird Sprache leicht zu einem Zeichen und einem Vorwand oder auch zu einem hartnäckig geforderten vielfältigen System regressiver Befriedigung. Die frühe Form der Bindung (als eine »Übertragung«) wird bei ihnen im alltäglichen erwachsenen Leben unter einem Schein oder

Schattenspiel wirklicher Beteiligung am Leben häufig als manifester Impuls, hauptsächlich als Abwehr, »ausgelebt«. Die technischen Aspekte der therapeutischen Handhabung dieser Form von völlig archaischer Beziehung zum Therapeuten sind von Stewart (1960) erörtert worden.

Zusammenfassung

Ich habe den breiten psychobiologischen Bereich der psychoanalytischen Situation, einen Bereich potentieller Wirkungen, der sich herleitet aus dem von ihr repräsentierten Zustand relativer physischer und emotionaler »Versagung-in-der-Intimität«, und ihre sich beinahe ausschließlich durch die komplexe psychosomatische Aktivität der Sprache vollziehende Vermittlung akzentuiert. Nach meiner Ansicht repräsentiert die analytische Situation in ihrem primären und weitreichendsten Einfluß für das Unbewußte die entscheidenden Trennungserfahrungen in der Beziehung des Kindes zu seiner Mutter. In diesem Schema vertritt der Analytiker die Mutter-der-Trennung, im Unterschied zum traditionellen Arzt, der die mit intimer körperlicher Pflege assoziierte Mutter darstellt. Diese latente unbewußte Kontinuum-Polarität erleichtert das Oszillieren von »psychosomatischen« Reaktionen und proximalen archaischen Impulsen und Phantasien bis hinauf zur Integration des Trieb- und Phantasielebens in den Bereich der Kontrolle des Ichs und seiner Aktivitäten. Dieser letztere Zustand hängt weitgehend von der Entwicklung wahrer integrativer Einsicht und der diese stützenden Phänomene (Kris, 1956), wie die autonomen Ichfunktionen, ab. Mit den für diesen Entwicklungsprozeß wichtigen Problemen der Deutung haben wir uns in dieser Darstellung nicht beschäftigt; unser Interesse war auf das gleichermaßen notwendige und vorgängige dynamische Setting gerichtet, in dessen Rahmen Deutungen wirksam werden können. Vor der letztlich entscheidenden Frage nach der relativen Genauigkeit, mit der die Deutungen des Analytikers die dunkle Innenwelt des Patienten erhellen, muß der Patient erst einmal auf das manchmal messerartige (vielleicht zahnartige!) Eindringen in die verborgenen Tiefen seiner Persönlichkeit reagieren, und diese Reaktionen, die von seinen spezifischen Übertragungserwartungen zu unterscheiden sind, müssen in hohem Maße dem allgemeinen emotional-intellektuellen Kontext entsprechen, in dem die Deutungen angeboten werden. Denn die primitiven Übertragungen (und ihre trügerischen oder halluzinatorischen Folgen) können hier – wie in anderer Hinsicht – leicht überflüssigerweise aktiviert oder intensiviert werden, wenn das »reife« ichsyntone Übertragungsbedürfnis inadäquat befriedigt wird. Der gesamten Dynamik und Struktur der psychoanalytischen Situation liegt die Triebkraft der Übertragung – vielleicht eine der Bedingungen ihrer Entwicklung – zugrunde, die in ihrer phasen- und konfliktabhängigen Stärke ein Phänomen darstellt, das sich als solches aus den Folgezuständen der Trennung von der Mutter herleitet. Dem entgegengesetzt und für eine konstruktive analytische Arbeit notwendig ist das, was ich (versuchsweise) die »reife« Übertragung genannt habe, ein Korrelat der biologischen Reifung und von Anfang an ein Phänomen von Integration und mehrfacher Funktion.

Die Anfänge der ungewöhnlichen Struktur menschlicher Beziehung, die ich diskutiert habe, sind in unzweideutig medizinischen Situationen entstanden. Ich habe die Hypothese aufgestellt, daß die einzigartige Übertragungsvalenz des Arztes[43] (im traditionellen Verbot sexueller Intimität mit Patienten ohne Zweifel intuitiv erkannt) für die Entstehung der Psychoanalyse mehr als ein bloß zufälliges Faktum bedeutet. Man hat gesagt, daß der neurotische Patient, der ursprüngliche Anlaß für die Entwicklung unserer Wissenschaft, infolge seiner spezifischen Übertragungen nicht nur leidet, sondern auch hartnäckig versucht, sich vermittels ihrer zu heilen (Ferenczi, 1909). Insofern die verlängerte biologische Hilflosigkeit des menschlichen Kindes und die zufallsbedingten Veränderungen der Eltern-Kind-Beziehung für alle optativen Aspekte der menschlichen Psychologie von entscheidender und aufweisbarer Bedeutung bleiben, steht der medizinische Ursprung der Psychoanalyse durchaus in Einklang mit der Gültigkeit und überragenden Bedeutung des psychoanalytischen Beitrags zur allgemeinen Psychologie. Aus der aktiven und traditionellerweise autoritären Arzt-Patient-Beziehung hat sich eine Situation entwickelt, die abgesehen von ihrem letzten Ziel in beinahe allen Hinsichten von der traditionellen medizinischen Beziehung grundverschieden ist. Sofern die durch die Situation hergestellte primäre unbewußte Konfiguration auf Trennung und Versagung primitiver Befriedigung im Kontext sprachlicher Intimität beruht, ist die psychoanalytische Situation zu einem mächtigen Instrument für die Entstehung der Übertragungsneurose wie für ihre nachfolgende Analyse geworden. Eine vorläufige Betrachtung gewisser grober biologischer Elemente der Situation beeindruckt durch die erhebliche psychophysiologische Spannung, die in ihr enthalten ist. Die Überprüfung ursprünglicher Regeln und der Entwicklung traditioneller Praktiken konfrontiert mit einer wichtigen Frage: hat die Tendenz zu schematischer Perfektion bei der Anwendung der Abstinenzregel und verwandter technischer Regeln vielleicht das Bewußtsein von den Einschränkungen verschüttet, die *common sense* und intuitive Weisheit von Anfang an empfohlen haben, und dadurch unmerklich und unbeabsichtigt überflüssige technische Schwierigkeiten von paradoxem Charakter produziert? Die Tendenzen, an die ich denke, sind das Vorenthalten oder unangemessene Begrenzen bestimmter legitimer und wohlkontrollierter Befriedigungen, die einen menschlichen Kontext herstellen können, der wirkliches Verstehen möglich macht, worin – nach allgemeiner Übereinstimmung – die Hauptfunktion des Analytikers besteht.

Abweichungen von der vorherrschenden Tendenz sind weitgehend dem individuellen intuitiven Urteil zu überlassen, einem Vermögen, das seine wichtige Rolle bei unserer Arbeit natürlich niemals verlieren kann. In der gewöhnlichen Praxis, scheint mir, entstehen Abweichungen als schwache Ausbrüche von »Menschsein« in der Gegenübertragung, die durch die übermäßig beanspruchte kommunikative Abstinenz des Analytikers gefördert werden. Im Hinblick auf spezielle pathologische Erfordernisse bestimmter Patienten sind gelegentlich Empfehlungen für starke Abweichungen gegeben worden (Anna Freud, 1954b; Stone, 1954b; Panel Discussion, 1958). Die allgemeine Tendenz geht jedoch dahin, in bezug auf den »normalen«neurotischen Patienten immer wieder den traditionellen »Spiegel« oder verwandte Haltungen für geeignet zu halten. Demgegenüber verfolge ich in dieser Studie die Absicht, eine leichte Verschiebung der allgemeinen Grundlinie der klassischen psychoanalytischen Situation nahezulegen, die während der gesamten Behandlung für *jeden* Patienten geeignet ist. Dadurch werden natürlich in keiner Weise die starken Abweichungen in der Haltung ausgeschlossen, die sich in besonderen Fällen als notwendig herausstellen mögen. Neben der künstlichen Tiefe der Regression und verwandten quantitativen Überlegungen steht eine weitere wichtige Frage: Ist es möglich, daß eine relativ unverzerrte Übertragungsneurose sich in Situationen, in denen naturgemäß menschliche Ähnlichkeiten mit dem ursprünglichen Spender von Befriedigungen systematisch, unterschiedslos und überflüssigerweise zugedeckt werden, *weniger* leicht entwickelt als in Situationen, in denen diese Tendenz klug modifiziert wird? Was die erstge-

131

nannten Situationen angeht, erinnere ich an das »Zudecken«, (1) das sich auf Dinge bezieht, die keinen besonderen Einfluß auf die eigentliche Dynamik der
Übertragungsneurose haben, und (2) das man nicht zu
Hilfe nimmt, um unerwünschten Scheinwiderstand
eines wichtigen Stromes der freien Assoziation zu einer
bestimmten Zeit in seiner kognitiven wie seiner emotionalen Bedeutung zu vermeiden. Auch hier tritt wieder
das unvermeidliche Spiel des Paradoxen zutage. Es ist
zu Recht hervorgehoben worden, daß eine *zu* große
Ähnlichkeit mit einem ursprünglichen Objekt einen
unüberwindlichen Übertragungswiderstand auslösen
kann (Bibring-Lehner, 1936). Im Einklang mit der allgemeinen Tendenz dieser Studie ist es meine persönliche
Überzeugung, daß die Gegenübertragung in diesem Zusammenhang, insbesondere dort, wo sie ichsynton ist,
eine unendlich viel entscheidendere und regelmäßiger
vorkommende Rolle spielt als eine *Ähnlichkeit an der Oberfläche*. Eine die therapeutische Beziehung ausschlie-
ßende Ähnlichkeit wird gewöhnlich eher in spezifischen
persönlichen Merkmalen gesehen als im Zusammenhang mit den allgemeinen und beruflichen Merkmalen,
die ich hervorgehoben habe. Dabei ist vielleicht vergessen worden: Die negativen oder fehlenden Aspekte
des Analytikers, auch im allgemeinen Sinne, können,
weil sie heftiger schmerzen, wahrscheinlich mit größerer Häufigkeit »Ähnlichkeiten« heraufbeschwören,
Ähnlichkeiten mit der versagenden, abwesenden oder
bombastischen Elternfigur der Kindheit, insbesondere
wie sie in der Phantasie kastriert oder sonstwie von der

kindlichen Aggression abgewertet wird. Auf den ersten Teil dieser negativen Ähnlichkeit hat Ferenczi (1929, 1930, 1931, 1932) das Konzept gegründet, daß der Analytiker als von der Elternfigur verschieden erlebt werden muß, ein Prinzip, das Alexander später in einer spezifischen Richtung weiterentwickelt hat. Meine Empfehlung läuft darauf hinaus, den Patienten die ärztliche Berufung seines Analytikers (eine integrierte, realitätssyntone Repräsentation elterlicher Funktionen) als eine stabile und aktive Realität der Beziehung erfahren zu lassen, und zwar in einem Maße, das sich im spezifischen Fall als notwendig erweist, ohne den entscheidenden Punkt der Nichtbefriedigung primitiver Übertragungswünsche aufzugeben. Der Patient sollte den Eindruck haben, daß Arzt und Analytiker eher Repräsentanten desselben Objekts als völlig verschieden voneinander sind, daß sie sich aber unterschiedlicher Mittel der Fürsorge und Hilfe bedienen.[44] Im Unbewußten würde dies den Bildern von der primären und sekundären Mutter entsprechen: der Mutter der körperlichen Intimität und der Mutter der relativen Trennung. Ich halte diese Nuance in prinzipieller wie in praktischer Hinsicht für gültig und wichtig, für mitunter entscheidend. Neben den mit diesem Punkt zusammenhängenden spezifischen technischen Problemen steht ein scheinbar entferntes, doch verwandtes und nicht unwichtiges Problem. Ich meine die Tendenz zur Errichtung eines neuen kulturellen Übertragungs-Gegenübertragungs-Musters, in dem der Prozeß der Trennung zwischen psychologischem und somatischem

Arzt auf eine zu genaue Reproduktion der ursprünglichen Polarisation von Priester und Medizinmann hinausläuft, wobei der Analytiker statt mit der Identität des Arztes mit der Identität und Autorität des Priesters ausgestattet wird. Wenn ich eine kurze Kritik des Prinzips unmodifizierter »Anonymität«, das auch an den intensiven psychophysiologischen Spannungen der Situation beteiligt ist, vorgetragen habe, dann bin ich mir bewußt, daß die positive Formulierung dieses Prinzips – von der allgemeinen Ebene abgesehen – in meiner Erfahrung und meinem Denken, insbesondere im Bereich quantitativer Einschränkungen und Grenzen und konkreter technischer Regeln noch wenig feste Formen angenommen hat. Ich habe ihren gegenwärtigen Entwicklungsstand anzudeuten versucht und hoffe, in der Zukunft noch einiges zu diesem Thema sagen zu können. Wie dem auch sei, nach meiner Überzeugung kann man in diesem Bereich nicht nur ohne Risiko, sondern, bei angemessener Beurteilung des Falles, meist auch mit beträchtlich erhöhter Effektivität für die psychoanalytische Situation versuchen, die Strenge dieses Prinzips zu mildern. Ich glaube nicht, daß sich individuelle Beurteilung und Intuition ganz aus unserer Arbeit ausschalten lassen, in dieser Beziehung so wenig wie in anderen wichtigen Beziehungen. In der klassischen psychoanalytischen Situation besitzen wir ein Instrument von einzigartiger wissenschaftlicher Produktivität sowie von außerordentlicher psychodynamischer Reichweite und Wirkung. Sie läßt sich jedoch noch verbessern – nicht nur als ein therapeutisches

Instrument, sondern auch in einem genuin wissenschaftlichen Sinne –, wenn wir uns auf die Konfrontation mit bestimmten unausweichlichen, wenn auch noch nicht wohlformulierten, psychologischen Realitäten einlassen. Denn nach allgemeiner Übereinstimmung sind diese Realitäten wichtiger als Formulierungen als solche, wie überzeugend und logisch diese auch auf den ersten Blick erscheinen mögen und wie nützlich ihre aktuelle historische Bedeutung auch gewesen und immer noch sein mag. Ihre anhaltende, vielleicht wachsende Nützlichkeit wird von der Vorurteilslosigkeit abhängen, mit der sie an den Gegebenheiten überprüft und mit ihnen in Übereinstimmung gebracht werden, und nicht von ihrer willkürlichen Bewahrung als ideale Prinzipien, an die drängende Realitäten irgendwie angepaßt werden müssen.

Anmerkungen

Die Arzt-Patient-Beziehung

[1] Der Herausgeber der *Standard Edition* von Freuds Werken gibt Erläuterungen zu der Häufigkeit, mit der Freud in den Schriften zur Technik (1911–1915) vom »Arzt« spricht, obwohl die Einleitung zu Pfisters Buch im Jahre 1913 geschrieben worden ist (Freud, 1913a), und zu der vollständigen Verdrängung dieser Bezeichnung durch »Analytiker« in den beiden späten technischen Schriften (Freud 1937, 1938a). Der Begriff »Patient« bleibt bestehen! (Es kommt auch »der Analysierte« vor.) Der Begriff »Analysand«, der manchmal zur besondern Kennzeichnung eines »Patienten« in Psychoanalyse gebraucht wird, hat meine Neugier erweckt. Oberndorf (1953, S. 142) gebraucht ihn als ein »zur Bezeichnung von sich in Analyse befindenden Analytikern geprägtes Wort«. Einige persönliche (höchst informelle) Erkundigungen bei in Wien und Berlin ausgebildeten Kollegen haben allerdings keinerlei Erinnerung an diese spezielle Bedeutung hervorgerufen. Scheunert (1961) wendet den Begriff auf den (anscheinend nicht psychoanalytisch qualifizierten) analytischen Patienten an. Mir ist der Begriff »Analysand« in einer Schrift von Ferenczi (1931) begegnet. Wenn ich mich im Text auf diese »wissenschaftliche Tatsache« beziehe (d.h. den Ursprung der Analyse in der Arzt-Patient-Beziehung), habe ich ihre weit-

reichenden psychologischen Implikationen im Sinn, nicht die historische Begründung von Eigentumsrechten, die Freud (1926 b) offenkundig angreift, wenn er dieses bedeutsame Faktum als gleichgültig abtut.

2 Die fortgesetzte Erweiterung und Differenzierung der Ichpsychologie liefert natürlich wichtige Beiträge zu diesem Bestreben, das sich in dem wachsenden Interesse an der Charakterologie noch deutlicher widerspiegelt. Waelders »Prinzip der mehrfachen Funktion« (1930) und Anna Freuds technisches Prinzip der »gleichmäßigen Distanz« (von Es, Ich und Überich) sind – in verschiedenen Perspektiven – eindrucksvolle Beispiele für diese Tendenz. Hartmanns Deutungs-»Prinzip des mehrfachen Appells« (1951), das in direktem Zusammenhang mit dem Konzept Wealders steht, faßt (nach meinem Verständnis) die integrierte Wirkung als ein von der unmittelbaren Deutungsabsicht unabhängiges Phänomen auf. In gewissem Sinne ist dies nichts anderes als die logische Entsprechung zur Wirkung der Erfahrung im allgemeinen Leben. Loewensteins »gegenwartsorientierte Rekonstruktion« (1951) sieht die Implikationen dieser Dialektik in einer besonderen Form zweckhafter Deutung. In spezifischer Beziehung zur »Psychotherapie« habe ich ein nah verwandtes Verfahren empfohlen, die »integrative Deutung« (Stone, 1951); dasselbe Verfahren hat sich jedoch auch in der klassischen analytischen Situation als zunehmend zweckmäßig herausgestellt. Im Hinblick auf die klassische Situation lassen sich diese beiden letzten Verfahren in einem technischen Sinne nicht nur als Anerkennung der Tatsache verstehen, daß das Phänomen der Integration immer gegenwärtig ist, sondern auch als Versuche, einer mächtigen Form des Widerstandes, einer vorzeitigen Flucht aus dem Gegenwärtigen und intensiv Erlebten in frühere Geschichte, in noch nicht mit affektiver Erfahrung »integrierte« partikulare erklärende oder genetische Vorstellungen vorzubeugen oder auszuweichen. Derart zweckhafte Deutungen erkennen die Wichtigkeit der konstitutiven oder vorgängigen Erfahrung *wirklich* an, obwohl sie den Akzent auf ihrer integrativen Tendenz

oder Möglichkeit belassen. Solche Deutungen sind auch mit bestimmten ursprünglichen analytischen Absichten, die von grundlegender Bedeutung bleiben, durchaus vereinbar, d.h. mit dem Bewußtmachen einander widerstreitender unbewußter Kräfte und dem Wiederentdecken oder der Rekonstruktion der frühkindlichen pathogenen Erfahrung. Die »Linien der Spaltung«, welche die fortschreitende Analyse verfolgt, sollten jene sein, die den Defekten oder Schwächen der integrativen Funktionen des Ichs entsprechen und die eher durch genetische Störungen bedingt sind als durch die zahllosen durch den Widerstand eröffneten Richtungen. Wo die Tendenz der Deutung »gegenwartsorientiert« ist, wird das Ich durch die positive Übertragung vor der vorzeitigen, oft falschen (mnemischen) Flucht in die Vergangenheit geschützt, die dann häufiger als ihr historisch bedeutsames Gegenstück ein mächtiger Widerstand ist. Sofern die Richtung des Materials durch vorausgegangene Störungen eindeutig determiniert ist, wird es seine Stelle in der Struktur der Übertragungsneurose einnehmen und schließlich einer zuverlässigeren und bedeutungsvolleren genetischen Deutung zugänglich sein. Abgesehen von technischen Erwägungen, ist es eine Tatsache, daß der menschliche Organismus der inneren Tendenz folgt, als ein Ganzes zu funktionieren, und daß diese Tendenz auch die Periode der Existenz beherrscht, die noch keine Strukturen und Konflikte kennt. Diese Phase wird von bestimmten biologischen Tendenzen überlagert, die mit dem spezifisch menschlichen Schicksal der frühkindlichen Hilflosigkeit und dem dadurch bedingten Muster der frühen Objektbeziehungen zusammenhängen. Trotzdem ist die Tendenz zur Integration immer wirksam, wie sich paradoxerweise selbst im Phänomen der Verdrängung und sogar in der Symptombildung zeigt, in der Symptombildung in dem Sinne, daß diese oft ein die Konsistenz des Charakters – der stabilen Integration aller entwicklungsfähigen Elemente der Persönlichkeit – erhaltendes Opfer darstellt. Waelder (1960, S. 84) hat auf diese grundlegende integrative Eigenschaft der psychischen Funktion des Menschen aufmerksam gemacht und an Freuds Ansicht über dieses Thema erinnert.

[3] Die nützliche Ausarbeitung dieses Themas durch Fliess (1954) in Beziehung zur analytischen Ausbildung und Praxis bewegt sich hauptsächlich im Rahmen der unbewußten symbolischen Psychologie des einzelnen Analytikers und der technischen Fehler und Funktionsstörungen, die sie hervorrufen kann. Ich lege den Akzent auf den Einfluß dieses Themas auf die in der psychoanalytischen Situation als solcher implizit enthaltene persönliche Beziehung und damit auf die sich entwickelnde Übertragungsneurose.

[4] Welche frühen Hoffnungen und Erwartungen in dieser Richtung Freud auch gehabt haben mag, in »Die endliche und die unendliche Analyse« (1937) sagt er eindeutig, daß Konflikte, die im Leben des Patienten nicht aktuell sind, einer wirksamen Analyse relativ unzugänglich sind. Bei Kindern, bei denen Übertragung und reale Beziehungen oft ununterscheidbar ineinander verflochten sind, ist die Situation eine andere. Gleichwohl muß man sich fragen, ob nicht auch in den Tiefenschichten von Kinderanalysen das Gefühl des Leidens eine Rolle spielt. Die dogmatisch klingende Behauptung im Text könnte nicht nur als theoretisch falsch bestritten werden, man könnte auch glauben, sie widerspreche dem Prinzip der Lehranalyse. In diesen Zusammenhängen kann man sich letztlich nur auf das Ensemble kundiger und besonnener analytischer Erfahrung stützen. Zur Lehranalyse lassen sich indes unter zwei Gesichtspunkten einige Worte sagen: (1) Es läßt sich nicht bezweifeln, daß alle Individuen in ihrer frühen Entwicklung bestimmte entscheidende Schicksalsschläge erleiden und daß deshalb bei allen eine latente Übertragungsneurose vorhanden ist, die in der psychoanalytischen Situation aktualisiert werden kann, um die Motivation für eine genuine Analyse zu liefern. Unter diesem Gesichtspunkt ist es wahrscheinlich richtig, daß man von *allen* Individuen annehmen kann, sie seien bis zu einem *gewissen* Grade analysierbar. Dies ist natürlich ein relativer Sachverhalt – wie die frühe Infizierung mit Tuberkulose, die einmal als universell betrachtet wurde.

Wenn ein Individuum – sei es aufgrund einer glücklichen Verbindung von günstiger Konstitution, starken adaptiven Fähigkeiten und einer relativen Milde der entwicklungsbedingten Traumen oder nur aufgrund der erfolgreichen Rigidität seines Abwehrsystems – nicht durch ein aktuelles Leiden (oder schmerzliches Unbefriedigtsein) motiviert ist, dann ist die Wahrscheinlichkeit eines genuinen und tiefen Einlassens auf die Übertragungsneurose nicht groß. Es kann allerdings das Stückchen an Einlassen und Einsicht erreichen, das in vielen Fällen für die erste (d.h. durch die Ausbildungsinstitution vorgeschriebene) Lehranalyse charakteristisch und nach allgemeiner Beobachtung späteren, freiwillig gesuchten und gemachten Erfahrungen unterlegen ist. (2) Was die vermeintliche »Normalität« der Kandidaten angeht: Die Erfahrung psychischen Leidens als positiver Motivation für das Interesse an der Ausübung der Analyse sollte – bei Freud angefangen – nicht unterschätzt werden. (Fragen der Art und Schwere des Leidens sind natürlich eine andere und sehr wichtige Sache.) Obwohl ich nicht beanspruche, für die von Amts wegen mit diesem Problem Befaßten zu sprechen, glaube ich, daß die meisten Analytiker den allzu übertrieben »normalen« Kandidaten mit Mißtrauen ansehen, teils aus den bereits erwähnten Gründen, teils weil die Erfahrung die Erwartung nahelegt, daß ein solches Individuum eher ein so erschreckendes Phantasie- und Triebleben hat, daß dieses nicht einmal in der Dimension neurotischer Konflikte zugelassen werden kann, als von der Natur ohne Einschränkung gesegnet zu sein. Im Hinblick auf die letztere (wahrscheinlich seltene) Alternative läßt sich die Wahrscheinlichkeit adäquater Empathie mit psychischem Leiden, obwohl sie nicht grundsätzlich ausgeschlossen sein muß, nur schwer vorstellen. Die Frage, was eigentlich »leiden« (oder intensives persönliches »Unbefriedigtsein«) ausmacht, stellt ein recht schwieriges Problem dar. Bei dem einen Individuum mag es sich um Ängstlichkeit in allen Sozialbeziehungen handeln; bei einem anderen um Hypochondrie; bei dem nächsten um verwirrende Reaktionen auf seine Patienten; bei einem gut ausgebildeten Analytiker darum, daß eine Schwäche in seiner Arbeit mit Träumen seine größten Anstrengungen, mit ihr fertig zu werden, zum Scheitern verurteilt. Gestützt auf ausgedehnte Erfahrung hat Eisendorfer (1959) seine Ansichten über die Auswahl von Kandidaten für die Ausbildung in Psychoanalyse vorgetragen. Greenacre (1961) hat eine ausführliche kritische Übersicht über die gesamte Literatur zu diesem Problem vorgelegt.

[5] In meinem persönlichen Erfahrungsbereich war das vielleicht herausragende Beispiel für optimale ärztliche Haltung in der psychoanalytischen Arbeit die eines ausgezeichneten Laienanalytikers. Wenn wir rein formelle und rechtliche Erwägungen als nur (oder hauptsächlich) in ihrer eigenen Sphäre wichtig beiseite lassen, besteht und manifestiert sich die persönliche Haltung eines wahren Arztes (arbeite er somatisch oder psychologisch) unabhängig davon, ob er ein »medizinisches Diplom« besitzt oder nicht. Freuds Bemerkung, daß »weltlicher Seelsorger« die Funktion des Analytikers angemessen beschreibe, wird seinem Genie nicht gerecht. Diese Bemerkung entstand in der Hitze einer Kontroverse, in der mir die grundsätzlichen Argumente Freuds – nicht alle Details – als unbestreitbar richtig erscheinen. Ferenczi (1929, 1930, 1931) – in eingeschränkterem Sinne später Berman (1949) – vertrat die Ansicht, der Analytiker solle in Formen reagieren, die mit einer aktuellen Elternrolle vergleichbar seien, eine Auffassung, die ich aus an anderer Stelle (vgl. S. 66–73) angegebenen Gründen zurückweise. Mir erscheint allein der Begriff »Erzieher«, der von Ferenczi und einigen seiner Anhänger (Ferenczi, 1930) abgelehnt wird, weil er eine unerwünschte Distanz ausdrücke, als eine nützliche und passende sekundäre Konzeptualisierung der Rolle des Analytikers, die eine allgemeinverständliche Bedeutung besitzt, obwohl das »Erziehen« hier nahezu ausschließlich auf die Erhellung des unbewußten psychischen Lebens des Patienten begrenzt ist. Die Vorstellung des Lehrers bezieht ihre innere Kraft aus der Ähnlichkeit zur sekundären Funktion der Eltern – ebenso wie die Vorstellung des Arztes ihre einzigartige Kraft aus ihrer Ähnlich-

keit zu bestimmten primären Funktionen der Eltern für die früheste Kindheit bezieht. (Im Begriff »Doktor« sind die beiden Gruppen von Funktionen vereinigt.) Wenn sich mit der Zeit ein besserer Begriff entwickeln sollte, der die besonderen Funktionen und Operationen der psychologischen Behandlung berücksichtigt (was sich aus einer künftigen Zweiteilung der therapeutischen Ausbildung, wie sie Freud und andere anvisiert haben, ergeben könnte), so kann das nur von Vorteil sein. Man tut jedoch gut daran zu sehen, daß – obwohl ein gebildetes Individuum einen Laienanalytiker von hervorragender Ausbildung und Fähigkeit gewöhnlich nicht zugunsten eines mittelmäßigen oder nicht analytisch ausgebildeten ärztlichen Analytikers ablehnen wird – die psychologische Kraft des Begriffs »Arzt« (»Doktor«), ungeachtet der tatsächlichen Entscheidung, in vielen Fällen manifest bleiben wird. Patienten und ärztliche Analytiker pflegen gleichermaßen den »Dr.« (den akademischen Grad) zu betonen, wenn sie von geachteten nichtärztlichen Kollegen sprechen. Ich habe oft gehört, daß Patienten von Laienanalytikern ganz selbstverständlich von »meinem Doktor« sprechen. Ich habe nur selten, wenn überhaupt, gehört, daß Laientherapeuten von Personen, die sie konsultieren, anders als von »Patienten« sprechen. Ein geachteter nichtärztlicher Kollege (in New York), der anscheinend keinen akademischen Doktorgrad besitzt (oder ihn zumindest niemals benutzt), wird mit bemerkenswerter Häufigkeit durch »Versprecher« mit dem »Dr.« ausgestattet. In einer Arbeit über ein nicht therapeutisches Thema, von deren drei Autoren einer ein ausgezeichneter nichtärztlicher Analytiker ist, erscheint der Ausdruck »Arzt-Patient-Beziehung« als eine ganz natürliche Wortwahl (Hartmann, Kris, Loewenstein, 1951, S. 19). Ich weiß, daß an solchen Tendenzen noch andere unbewußte Momente beteiligt sein können, möchte hier aber auf ein wichtiges, mit unserer Diskussion zusammenhängendes Moment aufmerksam machen, das ohne Zweifel häufig und offenkundig vorhanden ist.

Ich habe nicht die Absicht, diese Frage als Ausgleich für andere

Übervereinfachungen allzu vereinfacht darzustellen. Ein Element unseres medizinischen Erbes ist die *Tendenz*, die psychoanalytische Situation und den analytischen Prozeß sowie unsere Techniken als gleichbleibende Instrumente anzusehen, die wenig mit der sich dieser Techniken bedienenden Person zu tun haben, solange deren Kompetenz und Integrität gewiß sind. In Wirklichkeit trägt natürlich jeder Aspekt des Analytikers – von seinem Geschlecht und Alter bis zu den evidenten (oder nicht evidenten) Nuancen seiner Persönlichkeit – wesentlich zur Gestaltung des Ablaufs einer bestimmten Analyse bei. Selbst wenn man sich zwei Analysen derselben Person abstrakt vorstellt, gibt es keinen Grund für die Annahme, der Verlauf dieser beiden Analysen könnte jemals identisch sein, es sei denn, man berufe sich auf absurde hypothetische Bedingungen. Dies ändert natürlich nichts an der Wahrscheinlichkeit, daß dem Patienten durch Analysen, die sich im Hinblick auf die Reihenfolge des Auftretens von Übertragungsphänomenen und anderen entscheidenden Punkten unterscheiden, zur Einsicht in sein psychisches Leben verholfen werden kann. Im überzeugenderen Teil ihres Beitrages haben die Balints (1939) dieses Argument energisch und gut vertreten. Ich weise auf diese Überlegungen hin, weil kein Zweifel daran besteht, daß das Bewußtsein eines Patienten davon, ob sein Analytiker ein Laienanalytiker oder ein Arzt ist, in der Ökonomie und Dynamik seiner Übertragungshaltungen, in welche die Wahrnehmung der Realität stets eingeht, sozusagen naturgemäß verwertet wird. Man mag sich auf die »reine« Übertragung stützen, um in manchen Fällen zu beweisen und in anderen zu thematisieren, was nicht vorhanden ist, z. B. die Kompetenz der somatischen Medizin oder die formale humanistische Gelehrsamkeit des Laienanalytikers oder deren Äquivalente. *Letztlich* wird dies von nicht größerer Bedeutung sein als andere Überlegungen, die sich auf die Oberfläche beziehen – adäquate Kunstfertigkeit und Kontrolle der spezifischen Gegenübertragungen vorausgesetzt. Das gemeinsame Element, das nach meiner Überzeugung in jedem Falle vorhanden sein muß, wenn die Übertragungsneurose nicht unnötig intensiv und chronisch werden soll, ist das offene und unzweifelhafte therapeutische (d. h. ärztliche) Engagement. Ich glaube nicht, daß der tiefe und besonnene Wunsch zu helfen oder zu heilen mit dem *furor sanandi* verwechselt werden kann!

Die klassische psychoanalytische Situation

[6] Ich halte dies für eine im wesentlichen richtige Aussage, obwohl nicht alle unbedingt zustimmen werden. Vgl. z. B. Oberndorf (1953, S. 144, 148) über »klassische Analyse«. Ich beziehe mich auf die zentrale Konzeption der psychoanalytischen Situation, nicht auf bestimmte Definitionen, von denen es nicht viele gibt, und die gewöhnlich *en passant* als Vorspiel zu angeblich wichtigeren Überlegungen formuliert werden. Im posthum veröffentlichten *Abriß der Psychoanalyse* (1938 b, S. 98) definiert Freud den Vertrag, in dem die »analytische Situation« besteht, rein deskriptiv. Dahinter steht natürlich der gewaltige Korpus seines Werkes. Im gleichen Abschnitt trägt er weitere dynamische Erwägungen vor. Waelder (1960) versucht eine mehr ins einzelne gehende Definition und Erklärung zu geben; das Hauptgewicht legt er auf die kognitiven Wirkungen der Situation. Menninger (1958) geht ausführlich auf den grundlegenden »Vertrag« ein; er faßt ihn als eine Vorbereitung der nachfolgenden »Regression« auf. Gitelson (1952) schlägt eine bewundernswert bündige Definition vor, die so reichhaltig ist, wie eine kurze Äußerung es nur sein kann. Glover (1955) legt den Akzent auf die »dynamische Situation, die sich in allen Fällen nach denselben allgemeinen Prinzipien entwickelt, aber jeweils eine individuelle Gestalt besitzt«.

[7] Obwohl Freud an den zahlreichen Stellen seines Werkes, die sich auf die Übertragung beziehen, gelegentlich, wenn er nicht ihr regelmäßiges, sondern ihr unerkanntes Vorkommen anderswo anführt, davon spricht (buchstäblich oder der Sache nach),

daß die Behandlung die Übertragung »provoziere«, zweifle ich – im gleichen Sinne wie z. B. Macalpine (1950) –, daß er die Funktion der psychoanalytischen Situation so aufgefaßt hat, als *produziere* sie als solche die tiefe Regression der Übertragungsneurose.

Die Unentbehrlichkeit der klassischen psychoanalytischen Situation für die deutende Reduktion der Übertragungsneurose ist seit langem anerkannt. Ich sehe keinen apriorischen oder der Erfahrung entstammenden Grund, ihre ursprüngliche und wesentliche Bedeutung für die Analyse der Übertragungsneurose in Frage zu stellen. In den letzten Jahren sind indes einige Unsicherheiten hinsichtlich der Frage aufgetreten, ob die nicht modifizierte traditionelle psychoanalytische Situation wirklich geeignet ist, *durch sich selbst* den höchstmöglichen Grad an Auflösung der residualen *therapeutischen Übertragungen* zustande zu bringen. Ich frage mich, ob nicht eine drastische Herabsetzung der Anzahl der Stunden in Verbindung mit der für den Übergang wichtigen Erfahrung von Diskussionen über noch unerledigte Punkte, die in der Weise geführt werden, die im geläufigen psychoanalytischen Vokabular gewöhnlich als »Psychotherapie« bezeichnet wird, für die eigentliche Endphase bestimmter Analysen von Nutzen sein könnte. Um semantischer Genauigkeit (möglicherweise Konfusion!) willen könnte man sich dies als eine geplante und an die eigentliche Analyse unmittelbar anschließende »postterminale« Phase vorstellen. Manche Patienten arrangieren von sich aus eine solche ungeplante »postterminale« Erfahrung; ich glaube nicht, daß sich im Verlangen nach derartigen Unterredungen immer oder notwendigerweise die Suche nach einer weniger belastenden Alternative zur Fortsetzung der Analyse ausdrückt. Solche Unterredungen können in manchen Fällen wirklich geignet sein, die weitere Analyse überflüssig zu machen. Zwischen einer aktuellen Notwendigkeit zur Fortsetzung der Analyse und der Notwendigkeit zur Hilfe beim Übergang von einer tiefgehenden, habituellen und sehr spezifischen Verbindung mit einem anderen Menschen zu einem Leben ohne diese Verbindung – in einem ökonomischen und dynamischen Sinne – zu unterscheiden, kann eine schwierige klinische Aufgabe sein. Die Reaktionen eines Individuums nach Verlassen des Hauses seines Mutter *können* wir analysieren; seine Reaktionen auf den Verlust seiner Analyse und seines Analytikers nach dem Verlassen der Analyse können wir nicht analysieren. Die Situation, die ich im Sinn habe, wird in vielen Fällen eine praktische Lösung dieses Problems darstellen. Ein entscheidendes Element eines solchen Versuches besteht darin, daß beide Beteiligten die Möglichkeit haben, relativ integrierte und realistische Ansichten voneinander zu gewinnen, ein spontanes Bestreben, das durch die in der analytischen Arbeit wirksamen Absichten und Prozesse stark und zweiseitig verzerrt wird. Nach meiner eigenen Erfahrung als Analytiker ist die Fähigkeit, den Analysanden gleichzeitig als erwachsene und integrale Persönlichkeit zu sehen *und* eine genaue Einsicht in die Elemente seiner psychischen Dynamik und seiner Konflikte zu gewinnen, manchmal eine verzögerte Entwicklung im Verlauf der »normalen« Gegenübertragung, die sich in manchen Fällen unvermutet einstellt, wenn ein wirksamer Grad integrierten analytischen Verstehens erreicht ist. In der Supervision erweist sich diese Schwierigkeit als noch weit komplizierter. Dieselbe Spannung zeigt sich in dem Bemühen jüngerer Analytiker, ihre wissenschaftlichen Ansichten über Kunst und Literatur mit ihrer Fähigkeit, sie in ihrer ästhetischen oder allgemeinen kulturellen Bedeutung oder Wirkung zu würdigen, in Einklang zu bringen. Mitunter zeigt sich diese Spannung in einer bemerkenswerten Kluft zwischen der Fähigkeit eines Kandidaten als *Menschenkenner* im üblichen Sinne und (zum Beispiel) seiner Kunstfertigkeit in der genauen Analyse von Träumen, wobei das Schwergewicht häufig zunächst auf der einen oder auf der anderen Seite liegt. Wenn Freud an Fließ schrieb, »E. hat endlich mit einer Abendeinladung in meinem Hause seine Laufbahn als Patient beschlossen« (*Aus den Anfängen der Psychoanalyse*, 1887–1902, S. 339), hat er damit – im Rahmen seines damals noch keimhaften Wissens von der Übertragung –

147

vielleicht schon nach einer Lösung für den technischen Aspekt dieses Problems gesucht. Die Frage sozialer Beziehungen zu Patienten nach Beendigung der Analyse wird nur selten diskutiert (vgl. z. B. de Forest, 1942; Glover, 1938). Sie ist naturgemäß mit zahllosen individuellen Variablen belastet. Trotzdem verdient sie unter dem Gesichtspunkt bestimmter gemeinsamer Nenner eine größere wissenschaftliche Aufmerksamkeit, als sie bisher erhalten hat. Man gewinnt den Eindruck, daß einige Analytiker häufiger als andere freundliche »postanalytische« Beziehungen zu ihren Patienten haben. Möglicherweise führen die »fiktiven« Elemente in der Analyse und die große Belastung durch die Kontrolle, welche die technische Arbeit beiden Beteiligten auferlegt, in manchen Fällen zu habituellen Einstellungen, die die tiefgreifende Wirkung der Trennung ignorieren, die auf die spezifische Intimität der analytischen Beziehung folgt, gleichgültig wie intensiv die analytische Arbeit (im Sinne der Übertragungs- und Gegenübertragungsanalyse) gewesen ist (vgl. Buxbaum, 1950). »Unverbildete« Patienten verfügen in diesem Zusammenhang gewöhnlich über ein schärferes Wahrnehmungsvermögen als ihre besser informierten »Geschwister«. Der zwischen »therapeutischen« und »Lehr«analysen bestehende Unterschied hinsichtlich der Beendigungs-Phänomene, der von der beruflichen Identifizierung und der Erwartung einer gewissen Fortsetzung der Beziehung bei der Lehranalyse abhängt – dieser Unterschied ist erwähnt worden (Reich, 1950).

[8] Wie die meisten der charakteristischen Details der Technik, die auf Freud zurückgehen, ist auch die Rückenlage (die, 1913b, mit einer gewissen Schärfe begründet wird; vgl. auch Oberndorf, 1953, S. 148) niemals eine absolute »Regel« gewesen. Vgl. z. B. Greenacre (1959) oder Fenichel (1941) oder Scheunert (1961). Es hat jedoch immer eine Tendenz in dieser Richtung gegeben, und an ihrer Bedeutung für die Gestalt der psychoanalytischen Situation läßt sich nicht zweifeln. (Ich beziehe mich natürlich nicht auf Ansichten, die von der klassischen Auffassung, mit der ich mich hier auseinandersetze, stark abweichen.) Im

Mikrokosmos psychoanalytisch initiierter Patienten kann sie sogar, ähnlich wie ein Zeitplan, der fünf Stunden pro Woche vorsieht, zu einer Sache des Prestiges (oder gar der Moral) werden.

[9] In diesem Abschnitt ist die Bemerkung enthalten: »Man sucht dem Kranken menschlich etwas zu leisten, soweit der Umfang der eigenen Persönlichkeit und das Maß von Sympathie, das man für den betreffenden Fall aufbringen kann, dies gestatten.« In diesem Zusammenhang ist die Bemerkung über einen neuen Patienten in einem Brief an Fließ (vom 2. 11. 1901) wichtig: »Ich kann sagen, es geht bis jetzt hervorragend gut, vielleicht auch, weil es mir leicht wird, mich für diese Natur zu interessieren.« Meines Erachtens hatte Freud in diesem Falle seine spontane – mit ähnlichen früheren Reaktionen in Einklang stehende – persönliche Sympathie zu der Patientin im Sinn, und nicht ein wissenschaftliches Interesse an Charakterologie im Sinne seiner späteren Entwicklung. Die Frage der spezifischen Reaktionen auf ein Individuum, sofern sie sich nicht als »Gegenübertragungen« deuten lassen, stellt bis heute ein verwickeltes wissenschaftliches Problem dar. Insoweit Freud eine Persönlichkeit von warmer »Menschlichkeit« und mitunter impulsiver Emotionalität war, ist es nicht unsinnig, zumindest die Möglichkeit in Erwägung zu ziehen, daß die »zweite Phase« von Ferenczis Gegenübertragungsschema (1919a) bei ihm besonders stark ausgeprägt war – und vielleicht eine grobe Parallele zu dem intellektuellen Konflikt mit seiner spekulativ-imaginativen Seite (Jones, 1953–1957) darstellte – und daß dies zusammen mit anderen mächtigen Determinanten die zunehmend stärkere (theoretische) Betonung der Abstinenzregel bestimmte. (Im spezifischen Sinne seiner »aktiven Therapie« war Ferenczi natürlich ein besonders eifriger Verfechter dieser Regel.) Wenn Freuds Selbstanalyse auch eine der erstaunlichsten Leistungen der wissenschaftlichen Genialität des Menschen bleibt, ein Beispiel von Objektivität sich selbst gegenüber, das allein durch die Tatsache, daß es überhaupt stattfinden konnte, das a priori völliger Unmöglichkeit aufhebt, so wäre es dennoch »unwissenschaftlich«, ihre Grenzen nicht erkennen zu wollen.

Freud selbst hat es in charakteristisch überdeutlicher Weise getan: »Ich kann mich nur selbst analysieren mit den objektiv gewonnenen Kenntnissen (wie ein Fremder), eigentliche Selbstanalyse ist unmöglich, sonst gäbe es keine Krankheit« (Freud, 1887–1902, S. 202).

[10] Ich weiß nicht, wie viele Analytiker sich in ihrer tatsächlichen Arbeit und hinsichtlich harmloser Absichten durchgängig an diese Regel halten, *abgesehen* von dem Problem, das die Gewißheit einer direkten Ersatzverbindung mit ungelösten Konflikten bereitet. Viele Analytiker werden selbst dann, wenn ein Gefühl der Gewißheit vorhanden ist, überzeugt sein, daß in vielen Fällen die Deutung einem Verbot vorzuziehen sei. Die Tatsache der Vorzeitigkeit wird sich in vielen Fällen selbst offenbaren: durch die Ängste, Hemmungen oder selbstbestrafenden Komponenten, die substitutive und deshalb »neurotische« Aktivitäten unmittelbar zu kennzeichnen pflegen. Wo eine Aktivität einen im Grunde freundlichen oder gar unzweideutig positiven Charakter besitzt, muß man die Tatsache der Vorzeitigkeit (außer in einem willkürlichen, rein zeitlichen Sinne) *a priori* in Zweifel ziehen. In diesem Zusammenhang darf man außerdem nicht vergessen, daß, wie Freud gezeigt hat, auch Symptome Befriedigung verschaffen (ebenso wie Leiden). Unter dem Gesichtspunkt des (als Diagramm vorgestellten) Prozesses richten sich die Gefühle und Impulse im günstigsten Falle daher auf die Übertragungsneurose, wo die Analyse im allgemeinen am wirksamsten ist. Es wäre indes allzu schematisch (auch was die Konzeptualisierung betrifft), wollte man die gesamten Lebensaktivitäten eines Individuums in diesen Strom einbeziehen. Würde man an dem schematischen Gesichtspunkt allzu starr festhalten, könnte außer den bereits erwähnten praktischen Schwierigkeiten eine weitere, recht erhebliche Schwierigkeit in der ökonomischen Dimension auftreten: die Überlastung der Übertragungsneurose und eine nicht beabsichtigte Vertiefung ihrer regressiven Tendenz. Dieses Problem wird uns durchgängig beschäftigen.

[11] An dieser Stelle bitte ich um Nachsicht für die gewissermaßen wortgetreue Exegese, die ich im allgemeinen ablehne, weil ich meine, daß sie dem Wesen einer in der Entfaltung begriffenen wissenschaftlichen Entdeckung Unrecht tut. Meine paradoxe Rechtfertigung stützt sich auf die Absicht, den Eindruck *abzubauen*, diese aphoristischen Äußerungen Freuds – die, richtig aufgefaßt, immer noch von unschätzbarem Wert und, wie immer aufgefaßt, immer noch von außerordentlicher autoritativer Kraft sind – seien als buchstäblich zu nehmende, unveränderliche und umfassende Feststellungen intendiert. Außerdem ist eine Tendenz zu leicht mehrdeutigen Bedeutungserweiterungen vorhanden, insbesondere im Hinblick auf die »Spiegel«-Analogie, die sich sogar bei einem so vernünftigen und klugen Autor wie Fenichel (1941, S. 72) beobachten läßt. Ich weise auf diesen Punkt hin, obwohl ich mit dem wesentlichen Inhalt dessen, was Fenichel sagt, völlig übereinstimme. Über das historische Schicksal von Ideen und Konzepten des analytischen Denkens ist von verschiedenen Standpunkten aus geschrieben worden, von Glover (1938), Hartmann, Kris und Loewenstein (1946) und von Eissler (1958). Bei Eissler haben die Veränderungen der intellektuellen Einstellung bereits die Terminologie beeinflußt. Obwohl sich der Begriff »Parameter« aus einer interessanten und spezifischen metapsychologischen Sicht der Technik entwickelte, hört man Kollegen nicht selten darüber diskutieren, ob ein bestimmter technischer Kunstgriff ein »Parameter« *war* – so als ob diese Frage wichtiger sei als die, ob es gut war, ihn zu diesem Zeitpunkt anzuwenden oder nicht. Ich erhoffe Nachsicht, aber erwarte sie nicht.

[12] In der Arbeit der Balints (1939), die vieles enthält, womit ich ganz und gar übereinstimme, und die nach meiner Ansicht grundsätzlich in die richtige Richtung weist, findet sich zunächst eine Ansicht zur »Spiegel«- wie zur »Chirurg«-Analogie, deren Sinn letztlich absurd erscheint, später jedoch eine völlig angemessene und nützliche Interpretation der »Spiegel«-Analogie. Die früheren Aussagen können – als implizite Kritik der Praxis oder der Lehre

bestimmter Richtungen oder dadurch, daß sie von damals einflußreichen Persönlichkeiten vertreten wurden – durchaus eine historische Bedeutung haben; sie leiten sich indes nicht aus einer richtigen Auffassung des ursprünglich Gesagten her. Auch hinsichtlich des vermeintlichen Hauptinteresses Freuds, der – von zahlreichen »nicht offiziellen« Berichten, die wahrscheinlich nicht alle unecht sind, abgesehen –, um dem Wolfsmann und seiner Frau zu helfen, Geld gesammelt und ihn später noch einmal ohne Honorar analysiert hat (Jones, 1953–1957), besitzen sie keinen *apriorischen* »Sinn«. Oberndorf (1953) hat Freud in seiner Arbeit mit ihm als recht »unpersönlich«, in der Äußerung seiner Ansichten über eine Vielzahl von Dingen in der Welt jedoch als völlig offen beschrieben.

[13] Was das Problem *a priori* extrem schwierig macht, ist neben den Fragen des Präzedenzfalls, des Vorurteils oder der intellektuellen Überzeugung in der einen oder anderen Richtung die spezifische Natur der psychoanalytischen Technik, welche die gesamte Persönlichkeit des Analytikers einbezieht. Wie kann man einem anderen Menschen gegenüber zwei verschiedene, manchmal einander widerstreitende, Haltungen einnehmen; wie kann man ohne Künstlichkeit und ohne einen Anhaltspunkt zu geben, der auf das *tatsächlich* vorhandene Quantum zu schließen erlaubt, ein »bißchen« Sympathie zeigen? Aus diesem Grunde gehe ich dieses Problem mit aller Vorsicht an. Doch muß es in einer gewissenhaft durchgeführten Analyse ein Element ernstgemeinter »Fiktion« geben, das in keiner anderen wichtigen menschlichen Beziehung vorhanden ist und – als solches – weit mehr Beachtung verdient, als ihm bisher geschenkt worden ist. Dieses Element verlangt imaginative Fähigkeiten, die den an einem vollen emotionalen Verständnis der fiktiven Elemente von Kunst beteiligten Fähigkeiten und in einem gewissen Grade vielleicht auch den in der Erzeugung von Kunst sich entäußernden Fähigkeiten vergleichbar sind (Beres, 1957; Rosen, 1960). In der Arbeit von Berman (1949), der für ihre offene Diskussion dieser Fragen und ihre intuitiven kritischen Bemerkungen und Thesen

hinsichtlich bestimmter traditioneller (zumindest in der Lehre akzeptierter) Haltungen größeres Verdienst zukommt als für ihre eigenen etwas überladenen Formulierungen oder ihre historischen Perspektiven, findet das Dilemma einen einfachen Ausdruck und eine einfache Lösung: »Die Antwort könnte einfach darin bestehen, daß der Analytiker immer sowohl der kühle objektive Operateur ist, der nach dem Vorbild des Chirurgen in das psychische Gewebe des Patienten eingreift, als auch der warme, menschliche, freundliche, hilfreiche Arzt.« Und an späterer Stelle: »Um auf die beiden *gegensätzlichen* [Hervorhebung von mir] Ansichten von Freud und Fenichel [sic!] zurückzukommen, die mir als für einen Großteil der Literatur charakteristisch erscheinen, möchte ich die folgenden zwei Punkte hervorheben« (es folgen einige gut dargelegte Ansichten und zugespitzte Fragen zu den beiden angeblich gegensätzlichen Haltungen). Auf Ferenczi geht Berman nicht ein.

14 Den Begriff »Konzept« verwende ich wohlbedacht. Jedermann weiß, daß Analytiker, mit Freud angefangen, die Technik und ihre persönliche Haltung stets in vielfältiger Weise variiert haben. Gleichwohl konnte ein dominantes Konzept richtiger persönlicher Haltung bis in das Privatleben eines Analytikers hineinreichen. Zu Beginn meiner Berufslaufbahn, zu einer Zeit, in der diese Ansicht von der richtigen Haltung in diesem Lande stark im Schwange war, habe ich mit zwei Freunden (Kollegen) über die wichtige Frage der Wahl des Analytikers gesprochen. Der Ratschlag, den ich in beiden Fällen erhielt, bestand ausschließlich darin, dem Patienten ernst und geduldig zuzuhören, mit gelegentlichem Kopfnicken, oder in neutralen Ermutigungen fortzufahren sowie einen vollkommen »schafsgesichtigen« Gesichtsausdruck anzunehmen. Auf diese Weise wurde die völlige Neutralität der Reaktionen erreicht, obwohl zweifellos noch andere Elemente als bloß solche des technischen Prinzips in sie eingingen. Manche Analytiker zeigen immer noch einen ähnlichen beruflichen Habitus, selbst im Gewühl von Cocktailpartys. Bestimmte an psychosomatischer Medizin interessierte analysierte

Internisten befleißigen sich, wenn sie sich nicht angewöhnt haben, ihre Patienten vor der körperlichen Untersuchung mit allgemeinen und fadenscheinigen Versicherungen zu beruhigen, oft eines gleichermaßen gutgemeinten und gleichermaßen zum Verzweifeln bringenden »Zuhörens« mit leerem Gesicht und vollkommener Neutralität der verbalen Reaktion. Am schlimmsten aber – besonders für Kinder, die nach warmer empathischer Zuneigung hungern – ist es, wenn die »analytische Haltung« auch ins Familienleben eindringt.

15 Vgl. eine in gewisser Weise ähnliche Ansicht von Eissler (1950, S. 114), der über ein hervorragendes Geschick in der schematischen Analyse bestimmter Elemente der psychoanalytischen Technik verfügt (Eissler, 1953).

16 Wie andere muß auch diese Sanktion in gewissen Fällen als ein Zugeständnis an die Erfordernisse schwerer Krankheit oder akuter emotionaler Not aufgegeben werden; das gilt ebenso für subtilere und spezifischere Erfordernisse und natürlich (obwohl nach meiner Ansicht weniger häufig, als es gegenwärtig Mode ist oder als es Ferenczi [1932] für notwendig hielt) für bestimmte Krisen, die mit der Gegenübertragung zusammenhängen, oder sich auf diese beziehende Übertragungsphantasien des Patienten.

17 Ich übergehe die nicht manifesten (einschließlich der nicht verbalen) Mitteilungen an den Patienten, insbesondere diejenigen, die dem Analytiker selbst unbewußt sein können. Diese Mitteilungen sind von außerordentlich großer Bedeutung, aber dieses Thema ist zu umfassend, zu komplex und mit zu vielen problematischen Nuancen belastet, als daß man es »beiläufig« behandeln könnte. Ich möchte jedoch feststellen, daß ich nicht dem Irrglauben anhänge, der solchen Haltungen eine generell dominante Kraft zuschreibt und entsprechend dazu tendiert, in fast allen Übertragungsphantasien entscheidende Wahrheiten über die Grundhaltungen des Analytikers zu erkennen.

18 Mit leichtem Amüsement erinnere ich mich an einen (weder schwierigen noch heiklen) Fall, in dem vorgeschlagen wurde, das Ideal der Anonymität mit dem der traditionellen Strenge be-

züglich des Honorars zu verbinden. In einer Gruppendiskussion, in der sich Fragen zu Nuancen im Umgang mit dem Honorar bei längerem Nichterscheinen des Patienten ergeben hatten, meinte ich, in manchen Fällen könnte es sinnvoll sein, den Patienten für die Stunden, die man nicht anders, z. B. für Konsultationen, nutzen konnte, bezahlen zu lassen. Mit naivem Ernst sprach ein Arzt gegen diesen Vorschlag, weil das Erlassen des Honorars für eine bestimmte Anzahl von Stunden dem Analysanden indirekte Information über die sonstige Arbeit des Analytikers geben könnte!

[19] In seinem nützlichen kleinen Buch über Technik (1941) generalisiert Fenichel seine eigene Haltung, obwohl er indirekt auch die von der seinen verschiedene Haltung einiger seiner Kollegen deutlich werden läßt. Obwohl das Buch unter angehenden Analytikern eine verbreitete Lektüre ist, scheint diese kurze Passage bemerkenswert wenig Einfluß auf ihre Leser zu haben oder (genauer) auf ihre Vorstellung dessen, was korrekt ist. »Menschlichkeit« wird (nicht selten) als eine Art Abzeichen betrachtet, das man am Rockaufschlag einer tief eingeprägten Unempfindlichkeit je nach den Umständen gelegentlich oder ostentativ zur Schau stellt. Das Gegenteil wäre (wenn man zu wählen hatte) eher angemessen. Im besten Falle bleibt das eigentliche Problem bestehen, die Funktionen relativ genau zu bestimmen und miteinander in Einklang zu bringen. Dieses Problem wird in demselben vorzüglichen Essay von Fenichel entfaltet; zwei Seiten vor der Äußerung zur »Menschlichkeit« (S. 74) findet sich die (im wesentlichen richtige) Regel, daß der Analytiker »*alles* (Hervorhebung von Fenichel), was in der Behandlung vorkommt, was immer es auch sein mag, ausschließlich als Material betrachten und auf emotionale Stürme des Patienten nicht seinerseits mit Emotionen reagieren darf; daher die Forderung, daß der Analytiker selbst analysiert sein muß.« Ich zitiere diese Stelle nicht, um ihre (überwiegende) Gültigkeit in Frage zu stellen, sondern nur um darauf hinzuweisen, daß der latente oder potentielle Widerspruch in diesen Regeln leicht übersehen wird. Zumindest ist

größere Ausführlichkeit erforderlich. Zum Beispiel, *selbst* ängstliche Beunruhigung zu zeigen, wenn der Patient deprimiert und ängstlich ist, wird für den Fortgang der Analyse (und daher auch für das Wohlergehen des Patienten) schädlich sein; die von einem freundlichen Menschen erwartete Reaktion auf eine Katastrophe in seinem Leben zu zeigen, ist völlig in Ordnung – sie zu versagen, kann destruktive Folgen haben; auf seine wiederholten grundlosen und schweren verbalen Aggressionen mit Ärger zu reagieren, ist nicht zulässig, obwohl es, wenn es vorübergehend vorkommt, nicht notwendigerweise einen nicht wiedergutzumachenden Schaden stiftet; nach angemessener Geduld Ärger über erwachsenes Verhalten zu zeigen, das einen in der Realbeziehung belästigt, wird völlig verständlich, in manchen Fällen sogar heilsam sein. Aus dem gleichen Grunde ist es unzulässig, direkt oder indirekt Freude über des Patienten Beteuerungen (oder Zeichen) der Übertragungsliebe zu zeigen; anläßlich seines Berichtes über ungewöhnlich hohe Anerkennung oder Leistung in seiner sonstigen Welt angemessene Freude zu zeigen, ist normalerweise unschädlich und im allgemeinen (wenn die Reaktion aufrichtig ist) wünschenswert. Ihre Unterdrückung kann in bestimmten Situationen destruktive Folgen haben. Die entscheidenden Trennungslinien liegen zwischen dem Übertragungs-Gegenübertragungs-Komplex in seinem primitiven Sinne und den nicht zu vermindernden Anforderungen einer wirklichen Beziehung zwischen erwachsenen Menschen. Offenkundig gibt es zahllose Fälle von schwer deutbarer Überschneidung, wo allein die Nuance des individuellen Falles und das Urteil des Analytikers entscheiden können, ob das analytische »Vakuum«, die Möglichkeit der Deutung oder die menschliche Beziehung als Ganzes einen gewissen Ausfall ertragen muß oder kann.

[20] Es finden sich in der Literatur gelegentlich Überlegungen zur Wirkung unbedachter emotionaler Reaktionen des Analytikers (Alexander, 1956; Stone, 1957), zu Faktoren bei der Wahl von Analytikern (Thompson, 1938a), zu zweckmäßigen Reaktionen

auf die Entdeckung normaler menschlicher Schwächen oder Veränderungen im Leben des Analytikers (Thompson, 1938b). Meines Wissens haben jedoch nur Ferenczi und Alexander versucht, im ursprünglichen Bezugssystem der psychoanalytischen Theorie zu einer umfassenden und systematischen Generalisierung hinsichtlich der bewußten Nutzung der affektiven Reaktionen des Analytikers in der Analyse neurotischer Patienten zu kommen. Die gegenwärtige Tendenz, die Gegenübertragung für subtile kognitive Zwecke nutzbar zu machen, liegt meines Erachtens auf einer ganz anderen Ebene (Racker, 1957). Ich denke z. B. an die Nutzung der anfänglichen, aber völlig kontrollierten (und sofort analysierten) emotionalen Reaktionen auf den Patienten für das Verständnis seiner Strebungen und die spätere Verwendung dieses Verständnisses in der Deutung. Ebenfalls auf einer anderen Ebene liegt das mehrdeutigere und stärker kontroverse (Reich, 1960), obwohl interessante und möglicherweise nützliche »katalytische« Konzept von Tower (1956). Was das analytische »Inkognito« in einem umfassenden Sinn angeht, muß man sich unwillkürlich vorstellen, welch schweren Verlust die Psychoanalyse erlitten hätte, wenn dieses Kriterium analytischer Zuverlässigkeit streng auf Freud und später auf Anna Freud angewandt worden wäre! Gegenwärtig scheint es in diesem Lande nur wenige Analytiker zu geben, die ihre Wohnung und ihre Praxis streng voneinander getrennt halten, es sei denn, eine solche Trennung böte mehr Bequemlichkeit. Dies könnte als Widerspruch zur Suche nach Anonymität erscheinen, wenn die Tendenz (wie andere nicht formulierte Tendenzen) nicht die intuitive Erkenntnis einschlösse, daß diese Suche in den meisten Fällen weitgehend erfolglos und (oder) eine überreizte, wenn nicht überhaupt in die falsche Richtung gehende Anstrengung ist. Überreizung ist natürlich ein wirkliches Problem. So wird eine öffentliche Teilnahme des Analytikers am öffentlichen Leben immer noch in Frage gestellt (Greenacre, 1954). Dies ist ein strittiges Problem, von vielen Variablen abhängig, vor allem solchen der Art und des Inhalts der Aktivität sowie der Art des dafür erforderlichen

Verhaltens. Es ist viel zu kompliziert, als daß man an dieser Stelle ausführlicher darauf eingehen könnte. Ein Verzicht auf legitime Aktivitäten, die von wirklicher Bedeutung für ihn sind, könnte durchaus ein Opfer von zweifelhafter Wirkung auf das emotionale Leben des Analytikers sein. Wie ich im Text angedeutet habe, ist die Bedeutung des »Wissens« über alltägliche und normale erwachsene Aktivitäten für die Übertragung stark übertrieben worden. Wo echte Ängste und Antagonismen (religiöser, politischer usw. Art) im Spiel sind, kann es freilich von Bedeutung sein. In solchen Fällen könnte es u. U. vorteilhafter sein, wenn die Position des Analytikers offen ist.

[21] Zwei meiner ersten analytischen Patienten waren Männer, die erheblich älter waren als ich; einer von ihnen hätte mein Vater sein können. Dies war offensichtlich und wurde manchmal erwähnt. In keinem Falle war die aktuelle dynamische Vaterübertragung ernstlich beeinträchtigt. Beide waren relativ zugängliche Patienten; der eine war weit schwerer krank als der andere; im therapeutischen Ergebnis zeigte sich ein entsprechender Unterschied, obwohl es beiden erheblich besser ging. Ich glaube nicht, daß die evidenten Tatsachen die klinische Entwicklung der Übertragung *nicht* beeinflußt haben. Vielmehr glaube ich, daß die unbewußte Bedeutung meiner Rolle als Arzt für die Patienten, die relative Adäquatheit der entsprechenden Gegenübertragung und natürlich die latenten Übertragungssehnsüchte bei weitem gewichtiger waren als die manifesten biologischen Tatsachen.

[22] Dies stimmt überein mit Hartmanns Ansicht von Reifung der Ichapparate, die nichtsdestoweniger auf Lernen angewiesen sind (1939, S. 105). Die Annahme, daß solche Phänomene in die Übertragungssehnsucht des Erwachsenen eingehen können, ist natürlich meine eigene. Außerdem interessieren sie mich mehr in ihrer mit den Abkömmlingen des Ichs und des Überichs integrierten Erscheinung denn als diskrete Phänomene.

[23] Gewiß, für viele Individuen ist auch willkürlicher Autoritarismus befriedigend, im Normalfall jedoch nicht für »reife« Be-

dürfnisse. Im allgemeinen befriedigt er ein primitives, oft in spezifischer Weise neurotisches Element der Übertragung, ein Element jenes Komplexes von Strebungen, der legitimerweise in den Bereich der ursprünglichen Abstinenzregel fällt.

[24] In der historisch bedeutsamen gemeinsamen Veröffentlichung von Ferenczi und Rank (1924), die mit den speziellen Überlegungen, auf die ich mich im Zusammenhang mit Ferenczi beziehe, wenig zu tun hat, findet sich eine kurze Stellungnahme zu gelegentlicher, vorübergehender »Rollenübernahme« (S. 43–44), die möglicherweise schon die korrigierende Tendenz von Alexander (1946) und einigen seiner Mitarbeiter andeutet, obwohl sie weithin eine gegensätzliche Richtung einschlägt und von einer anderen Grundlage ausgeht. Das Hauptthema dieser Arbeit ist jedoch – wenngleich sie implizit gewisse schauspielerische Qualifikationen vorschlagen mag – technischer Art im Sinne von Deutung (manchmal von Nicht-Deutung!), d.h. sie verlangt eine Art von Ausrichtung auf den Übertragungswiderstand in der Absicht, dem Patienten eine dramatische analytische Erfahrung zu erleichtern, nach der die genetische Rekonstruktion wirklich bedeutungsvoll werden könne. In gewisser Hinsicht könnte dies als die Antithese zu der allgemeinen Anschauung dieser Studie erscheinen. Jede analytische Richtung, die für die Vielfalt von Persönlichkeitsstrukturen, mit denen sie zu tun hat, und für das allgemeine Problem, das die unterschiedlichen Weisen des Auftretens der Übertragung darstellen, empfindlich ist, muß indes anerkennen, daß es analytische Situationen gibt, in denen gewisse Elemente dieser Methode in der Tat nützlich sind (z. B. in jenen Fällen, die hartnäckig ohne jegliche Emotion bleiben, und wo die Psychopathologie nicht so schwer ist, daß sie die Zuhilfenahme solcher Elemente verbietet). Das heißt jedoch nicht, daß solches Zuhilfenehmen ein allgemein akzeptierbares und anwendbares Prinzip und Verfahren sein könnte. Die Tendenzen zu steriler Intellektualisierung, gegen die das Buch – zum Teil – einen Protest darstellt, lassen sich heute nicht mehr als wichtige Fragen ansehen. Und das Problem der stabilen Identität und

Orientierung des Analytikers ist bei diesem Verfahren vielleicht noch kritischer als bei jedem anderen, bei dem intensive Erfahrung aktiv gepflegt wird.

[25] Eine Formulierung meiner Ansichten über Alexanders Vorschläge findet sich in einer Rezension seines Buches *Psychoanalysis and Psychotherapy* (Stone, 1957). Eissler (1950) bietet eine umfassende Darstellung der früheren Arbeit des Chikagoer Instituts.

[26] Bei »entscheidender Erfahrung vollkommener Zuverlässigkeit« denke ich natürlich an die subjektive Erfahrung des Patienten. Es versteht sich von selbst, daß Haltungen in der aufrichtigsten therapeutischen Absicht »angenommen« werden können. Für Ferenczi war »Aufrichtigkeit« eine Kernfrage, die schließlich, als er sich der Schwere der Reaktionen bestimmter Patienten und der Komplexität seiner eigenen Motivationen zunehmend bewußt wurde, die Tendenz zur extremen Gegenübertragungskonfession mit sich brachte (1932). Es mag in der Tat Analytiker geben, die für den erwachsenen Patienten die Zärtlichkeit empfinden können, die einem hilflosen Kind gebührt; offenbar war Ferenczi dazu in der Lage, oder er glaubte, er sei es. Möglicherweise haben einige diese Empfindung dem schwer kranken, tief regredierten Patienten gegenüber, insbesondere gegenüber Psychotikern oder anderen Patienten in ungewöhnlich schweren Krisen. Es ist wichtig zu betonen, daß eine derart *spezifische* Regung mitunter durchaus angemessen sein kann. Es wäre ein Unrecht an den Leistungen eines großen Psychoanalytikers, dieses Problem allzu sehr zu vereinfachen, d. h. implizieren zu wollen, diese Empfehlung sei mehr als ein charakteristischer, wenngleich ein wichtiger *Auszug* aus Ferenczis Vorschlägen zur Frage der therapeutischen Haltung des Analytikers. Diese Vorschläge würden eine eigene ausführliche Interpretation und Kritik verdienen. In der späteren Periode waren die Vorstellungen von miteinander verknüpfter Versagung und Gewährung von Relaxation, elterlicher Zärtlichkeit, dem Gegensatz zwischen dem kindlichen Wunsch nach Zärtlichkeit und erwachsener Leidenschaftlichkeit sowie von Neokathar-

sis eng miteinander verbunden. Bestimmte Empfehlungen sind nicht unzweideutig. Vgl. de Forest (1942) als Beispiel für die Ansichten und das Werk eines Schülers. Als Beispiel für einen etwas kritischeren, wenngleich ebenfalls Ferenczi stark verpflichteten Schüler vgl. auch Thompson (1943, 1944). In der Arbeit von de Forest sind die Tendenzen aktiv ausgedrückten Interesses, extremer Versagung, offener Kommunikation in verschiedenen Haltungen und vor allem willkürlicher Dramatisierung der Beziehung lebhaft veranschaulicht (an Material aus ihrer eigenen Arbeit). Wie dem auch sei, die Möglichkeit, von Ferenczis Empfehlungen zu lernen, selbst wenn man viele von ihnen in ihrer ursprünglichen Form zurückweisen muß, ist nach meiner Überzeugung noch nicht erschöpft; und ihr heuristischer Wert ist (wie Ferenczi es erhoffte) unzweifelhaft. Meine Hinweise auf Ferenczis Werk sind natürlich im Hinblick auf ihre Bedeutung für die therapeutische Situation ausgewählt. Seine klassischen Beiträge zum Hauptstrom der Psychoanalyse bedürfen keiner besonderen Erwähnung.

Aus Ferenczis Arbeiten selbst ergibt sich manchmal der Eindruck, er sehe seine impulsiven Methoden als für *bestimmte* Patienten geeignet an, jedoch nicht für alle; indes, die gleichzeitige Entwicklung seiner Auffassungen von der Psychopathologie und von bestimmten allgemeinen Erfordernissen der Therapie erlaubt den Schluß auf eine *allgemeine* Auffassung der psychoanalytischen Situation, die sich von der klassischen Situation, die ich diskutiert habe, eindeutig unterscheidet. (Dieser Unterschied in der Auffassung ist in meinen Augen, obwohl er ernstes Nachdenken anregt und verdient, in qualitativer Hinsicht ebenso unannehmbar wie in quantitativer Hinsicht.) Ich erwähne diese Frage der *bestimmten* Fälle, weil der Umfang der Literatur über Variationen, Ausnahmen usw. inzwischen beträchtliche Ausmaße erreicht hat. Ich erhebe nicht den Anspruch, diese Literatur zu überblicken. Nacht (1949, 1958) hat hervorgehoben, daß der Analytiker in bestimmten Fällen den Charakter von »Gegenwart« gewinnen muß. Etwas früher hat Esther Menaker (1942) im Hinblick auf den Versuch, eine masochistische Anpassung an die psychoanalytische Situation zu überwinden, etwas Ähnlichem besonderes Gewicht beigemessen. Obwohl in dieser Arbeit zugestanden wird, daß nicht alle Fälle ein derart besonderes Interesse des Analytikers verlangen, wird im Text von »vielen Fällen wie dem in diesem Bericht dargestellten« gesprochen; und der Titel bezieht sich auf einen Faktor, von dem natürlich angenommen wird, er sei der psychoanalytischen Situation potentiell immanent. Mein Interesse – ich wiederhole das – zielt darauf, solche Überlegungen in abgeschwächter realitätssyntoner Form und in dem streng kontrollierten Sinne, den ich zu skizzieren versucht habe, wieder in das Konzept und die gewöhnlich wirksame Struktur der psychoanalytischen Situation einzuführen.

27 Man könnte auch sagen, daß man auf solche Haltungen mit Deutung (statt eines »Parameters«) reagieren kann und sollte. In der großen Mehrzahl der Fälle ist dies wirksam. In einigen wird allein eine manifeste Haltung oder eine direkte Aktion des Analytikers als notwendiges katalytisches Element dienen. Mitunter ist es schwierig, eine Tendenz zu deuten, die sich hauptsächlich im »Nichtsein« oder »Fehlen« ausdrückt; das gleiche gilt für weitgehend »richtige« Tendenzen und schließlich für die Fälle, in denen der Patient unzweifelhaft eindeutige Erklärungen und Deutungen (wie in anderen Situationen) gehorsam akzeptiert, aber dennoch fortfährt, in der gleichen Weise wie vorher zu agieren. Dies ist keine Frage tendenziöser »Rollenübernahme«; hier geht es darum, einem Individuum, das selbst nicht einmal danach verlangt, seine menschlichen Rechte zu geben. Ich erinnere mich an einen Fall, in dem ich einem Patienten erhebliches Unbehagen verursachte und sogar intensives Mißtrauen in ihm erweckte, als ich ihm spontan eine Verlegung seiner Stunde vorschlug, nachdem er bei einigen Anlässen hartnäckig an der Überzeugung festgehalten hatte, daß das Dazwischenkommen einer nicht verschiebbaren wichtigen Geschäftskonferenz den Verlust seiner Stunde bedeute, ohne daß eine Alternative denkbar sei. Die durch diesen einfachen Eingriff hervorgerufene Er-

schütterung war überaus folgenreich. Möglicherweise hätte in diesem Falle jahrelange Deutung nichts bewirkt; einmal, weil die (durch einige bedeutsame außeranalytische persönliche Kontakte gestützte) Charakterstruktur des Patienten sich die Prozeduren der psychoanalytischen Situation in spezifischer Weise zunutze machte, und außerdem, weil es wichtig war, daß der Patient dieses durchaus angemessene Interesse an seinem Wohlergehen verspürte.

Weitere Bemerkungen
zum Komplex Übertragung–Gegenübertragung
und zur Übertragungsneurose

28 Um die außerordentliche Vielfalt der Auffassungen der Übertragung zu diskutieren, muß man die diesem Thema gewidmeten umfassenden Übersichten zu Rate ziehen, z. B. die von Macalpine (1950), Orr (1954), Lagache (1952) oder die Panel Discussion (1956) über Probleme der Übertragung auf dem Internationalen Kongreß von Genf.

29 Ich übergehe die Frage *individueller* Erfordernisse, die in schweren Fällen lange als ein Problem und in allen Fällen zweifellos als ein Problem von Nuancen intuitiver Variation angesehen worden ist, um mich dem allgemeineren Problem zuzuwenden. Die dialektische Natur der Übertragung, die ein unentbehrliches Vehikel für potentielle Heilung wie für starken operationalen Widerstand (in meinen Augen der eigentliche Ursprung aller anderen Widerstände) bildet, spiegelt sich in dem schwierigen Problem optimaler Intensität wider: genügend Intensität, um die Gewißheit der Erfahrung zu begründen, d. h. eine überzeugende Rekonstruktion der Vergangenheit zu leisten; und nicht zuviel Intensität, um den beobachtenden Teil des Ichs nicht zu überwältigen und/oder das Ich aufgrund der Intensität aktueller Frustration nicht in nicht-intriusische Regression zu treiben. Mit »nicht-intriusisch« meine ich: was kein klinisch bedeutsames

Element in der chronischen Psychopathologie des Patienten ist. Meine Behauptung impliziert, daß ein Zustand der Regression eine unbeabsichtigte iatrogene Ursache haben *kann*. Ich glaube nicht, daß dies so oft vorkommt, wie gewisse Kritiker der klassischen Methode es annehmen; und es gibt zweifellos viele Patienten, deren unspezifische Psychopathologie eine tief regredierte Übertragungserfahrung und eine entsprechend lange Analyse verlangt, wenn eine radikale und dauerhafte Veränderung erreicht werden soll. Andererseits deuten die frühen »Einschränkungen« Freuds und der warnende Hinweis im *Abriß* (1938b) darauf hin, daß dem Entdecker der Psychoanalyse bewußt war, daß in diesem Bereich noch andere Schwierigkeiten entstehen können als die, die sich *unvermeidlicherweise* aus der ursprünglichen Krankheit herleiten. Ich weiß nicht, ob Freud glaubte, solche Schwierigkeiten könnten sich aus einer allzu buchstäblichen Auffassung einiger seiner aphoristischen Empfehlungen ergeben. Vieles zeugt davon, daß er selbst in seiner Arbeit weit davon entfernt war, ein »Spiegel« zu sein. Darüber hinaus deuten gerade seine »Einschränkungen« darauf hin, daß es eine technische »Lücke« gibt, derer sich der Therapeut bewußt sein muß; offensichtlich hielt er es jedoch für notwendig (oder zog es vor), sich weitgehend auf die Intuition seiner Leser zu verlassen. Wenn wir die Empfehlungen von Ferenczi und Rank als *allgemeine technische Regeln* ablehnen (eine gelegentliche Anwendbarkeit jedoch anerkennen), müssen wir weiter nach einer *allgemein* gültigen und rationalen Deutung der psychoanalytischen Situation suchen, die, wie geringfügig auch immer, die statistische Häufigkeit oder den Grad unspezifischer Regression zu reduzieren vermag. Denn ich glaube, das Maß, in dem sie in manchen Fällen manifest auftritt, und in dem sie sich in anderen Fällen — bei Ausdehnung der Analyse oder Zerstörung klinischer Ergebnisse — in weniger deutlicher Weise zeigt, ließe sich durch die Einführung subtiler Modifikationen in das allgemein anerkannte Konzept der klassischen analytischen Situation vermindern. Es ist natürlich schwierig, diese Behauptung zu beweisen. In unserer Arbeit gibt es keine strengen »Kontrollen«. Meine klinischen Eindrücke und Schlüsse (denn so muß man sie bezeichnen) sind ein Amalgam aus Beobachtungen an und Folgerungen aus positiven und negativen Reaktionen bei einer Vielzahl von Fällen aus meiner eigenen Erfahrung über einen langen Zeitraum, einschließlich erneuter Analysen von Patienten, die von mir oder von einem oder mehreren anderen Kollegen analysiert worden waren, ferner aus Fällen, die mir in der Supervision mitgeteilt wurden, sowie aus Beobachtungen, die ich machen konnte, als ich mit der Arbeit einer psychoanalytischen Klinik allgemeinen Kontakt hatte. Wenn ich bei meinen wenigen praktischen Vorschlägen für bestimmte Maßnahmen zur Abschwächung der Intensität der Übertragungsneurose der allgemeinen emotionalen Haltung des Analytikers und dem Problem seiner »Anonymität« besonderes Gewicht beimesse, so deshalb, weil diese Elemente, insbesondere das erstere, nach meiner Überzeugung für die allgemeine Struktur der menschlichen Beziehung von größerer Bedeutung sind als die formalen Aspekte der Situation. Die formalen Elemente (z. B. Rückenlage oder freie Assoziation) haben ihre spezifische Bedeutung für die kognitive Basis der Aktivität des Analytikers (d.h. seiner Deutungen). Selbstverständlich müssen diese formalen Aspekte der psychoanalytischen Situation in manchen Fällen verändert werden, um den besonderen Bedürfnissen eines Patienten zu entsprechen. Mein Interesse ist in dieser Studie jedoch auf die psychoanalytische Situation gerichtet, von der ich glaube, daß sie auch für die Behandlung des *rara avis*, des Patienten mit einer unkomplizierten Übertragungspsychoneurose, die angemessene ist.

30 Daher kann ich den Unterscheidungen zwischen den auf Entwicklungstufen des Ichs und auf Entwicklungstufen der Libido beruhenden Auffassungen des analytischen Prozesses – außer in einer unmittelbar technisch-deskriptiven Hinsicht – keine Bedeutung beimessen (Glover, 1938). Die technischen Prinzipien der Art, der Reihenfolge und des Zeitpunktes von Deutungen behalten natürlich ihre Bedeutung, aber deshalb bleibt es doch

richtig, daß die wirksamsten Deutungen, sei es von Abwehr-operationen oder von Esimpulsen, mit Übertragungskonflikten zusammenhängen. Und schließlich, wenn man (wie ich es tue) in prinzipieller wie in praktischer Hinsicht anerkennt, daß auch andere als die direkt und nachweisbar auf die Übertragung einwirkenden Deutungen signifikant und effektiv sein können, erscheint im Lichte meiner Anschauungen dennoch wichtig: (1) daß die direkten Übertragungsdeutungen, wenn sie wohlbegründet sind, die *effektivsten* und letztlich entscheidenden sind; und (2) daß, insofern alle Beziehungen von Urobjektbeziehungen abstammen und alles analytische »Material« sich als mit der therapeutischen Übertragung verknüpft auffassen läßt, die »Nichtübertragungs«-Deutungen in Wirklichkeit nichts anderes sind als indirekte, abgeleitete Erweiterungen von Übertragungsdeutungen.

[31] Auch diese wichtige »Annahme« ist – zumindest im Sinne von »Kampf gegen«– in ihrem Kern zuerst von Freud formuliert worden, und zwar in spezifischer Bezugnahme auf den Wiederholungszwang. Was Freud (1920, S. 37) vor allem im Sinn hatte, war offenbar die Repräsentation des Wiederholungszwanges *in der Übertragung*. Ich gehe in dieser Studie nicht auf das Problem ein, die Übertragung in einzelne Elemente zu zerlegen, wofür – zusammen mit der Suche nach früher Befriedigung – der Wiederholungszwang ein wichtiges Beispiel ist. Die Proportionen sind, wie ich glaube, in jedem einzelnen Fall verschieden. Näheres zu diesem Problem findet sich z. B. bei Silverberg (1948) und Lagache (1952, 1953, 1954).

[32] Wenn ich auf diese Ähnlichkeit hinweise, beziehe ich mich hauptsächlich auf die Rolle des Arztes im Erwachsenenleben, obwohl er bereits in der späteren Kindheit diese Übertragungsvalenz besitzen kann – in Abhängigkeit von der »vergangenen Erfahrung« der frühen Kindheit (in manchen Fällen unglücklicherweise vorwiegend in Form von Angstphantasien). Ich übergehe auch das schwierige Problem der ursprünglichen Konflikte der subjektiven Motivation des Arztes und beziehe mich statt

dessen auf seine aktuelle erwachsene und integrierte funktionelle Beziehung zu seinen Patienten und seine Verpflichtung
ihnen gegenüber. Zur Psychologie der unbewußten Entwicklung
des Arztes vgl. Simmel (1926) und Nunberg (1938). Das größte
Gewicht wird indes der im Kern positiven Identifizierung mit den
Eltern beigemessen.

[33] Würde diese Ansicht, die sich natürlich von der Freudschen
ableitet (vgl. z. B. 1914b, 1925), uneingeschränkt akzeptiert, so
hätte sie weitreichende praktische Folgen. So wäre im Hinblick
auf das Problem der Beendigung der Analyse, d. h. die Frage,
ob die (aktuell mögliche) Arbeit der Analyse getan worden ist,
der erreichte Grad der Mobilisierung und analytischen Auflösung der Übertragungsneurose eine zweckmäßige prag-
matische Richtschnur; dies würde sogar für die Beurteilung dessen
gelten, welche Richtung oder welcher Grad der Rekonstruktion
oder Erinnerung frühkindlichen Materials notwendig sein mag.
Denn die Welt der Erinnerung ist ein mächtiger Ozean, und in
diesem unmittelbaren Zusammenhang stimme ich Karl Mennin-
gers zugespitzter Bemerkung völlig zu (1958, S. 164), daß es
schwierig sei, sich auf etwas als auf eine Richtschnur zu verlassen, was sich *nicht* erkennen läßt. Wenn wir die Übertragungsneurose in ihrer Entwicklung beurteilen, verlassen wir uns offenkundig immer auf die uns zugänglichen zuverlässigen historischen Daten *und* auf die aktuellen Manifestationen des analytischen Prozesses sowie ihre wechselseitige Erhellung. Wir
müssen das Paradox unserer praktischen Erkenntnistheorie erkennen: sie ist *par excellence* eine *genetische* Psychobiologie, zu
der ein beständiger Strom objektiv beobachteter Bestätigungen
aus Studien über die Kindheit hinzukommt; was die Analyse
eines bestimmten Erwachsenen betrifft, haben wir jedoch selten
einen anderen Zugang zu genetischem Material als das Gedächt-
nis des Patienten. Freud selbst hat seit den Anfängen seiner Arbeit
die mangelnde Zuverlässigkeit dieses Vermögens erkannt (z. B.
1887–1902, 1914a, 1914b). Daher müssen wir paradoxerweise
für das wirkliche Verständnis des Unbewußten eines bestimmten

Individuums in die Übertragungsneurose selbst besonders großes Vertrauen setzen, obwohl sogar unser vorläufiges Verständnis der bestimmten Übertragungsneurose zum guten Teil auf allgemeinen genetischen Überlegungen, teilweise auf kritisch bewertetem anamnestischen Wissen und auf unserem allgemeinen Fundus vergleichbaren und in diesen Zusammenhang gehörenden Wissens beruht.

An dieser Stelle mag ein weiteres Wort zum Konzept der Übertragungsneurose angebracht sein. Dieser Begriff verfügt über eine gewisse semantische Freiheit. Denn die für Neurosen charakteristische autoplastische Qualität ist – außer wenn echt symptomatische Reaktionen auftreten – aufgrund der Phasenverschiebung zwischen dem analytischen Prozeß als solchem und der Entwicklung der Neurose nicht evident. Statt dessen werden unbewußte Bilder, Resultate früher Introjektionen, externalisiert, auf aktuelle Objekte projiziert, die von der Person des Analytikers ausgehen – als Ich-Objekt, als Überich-Ersatz und als Ich-Wahrnehmung –, und die Konflikte pflegen zu einem guten Teil *als solche* erfahren zu werden. Das Merkmal, das die Übertragungsneurose mit klinischen Neurosen gemeinsam hat, ist die libidinöse und feindselige Bindung an die Bilder der frühen Objekte und die daraus resultierenden Konflikte.

[34] Obwohl es zweifellos genauer wäre, unterscheide ich in dieser kurzen Diskussion nicht, wie Gitelson (1952) vorgeschlagen hat, zwischen der anfänglichen *Übertragung* des Analytikers auf den Patienten und der sich später entwickelnden *Gegenübertragung*.

Die primäre unbewußte Bedeutung der psychoanalytischen Situation

[35] Diese letzte Funktion ist, wie wir beobachten können, in der gegenwärtigen Krise der Kultur im Zusammenbruch begriffen!

[36] Hinsichtlich der eigentlichen *Richtung* der Übertragungs-

tendenz selbst stimme ich mit Spitz (1956) überein. Vgl. auch Greenacre (1954) und die von Spitz (1956) zitierte Bemerkung Anna Freuds. Das früher erwähnte äußerliche Arrangement kann dank der seiner Struktur immanenten Suggestion in der Tat die regressive Tendenz stimulieren. Doch kann diese nach meiner Ansicht in den meisten Fällen leichter im Bereich des Schauspielens (Imagination, vgl. Rosen, 1960) bleiben als die durch die aktuelle Natur der persönlichen Beziehung in der Analyse stimulierten Tendenzen.

Biologische und primitivpsychische Aspekte der psychoanalytischen Situation

[37] Diese Triebe stellen möglicherweise die allgemeinste und universellste Anlage für hartnäckige inzestuöse Fixierungen an die Mutter dar.

[38] Selbstverständlich sind auch hier andere Modi des Ausdrucks vorhanden: von der Stimme oder Haltung und dem Gesichts- oder Augenausdruck bis zur Form der Honorarzahlung. Diese Modi können ebenso wie die sprachliche Kommunikation von außerordentlicher Bedeutung sein. Sie besitzen indes weder das Merkmal konkreter und expliziter Objektivierbarkeit noch die spezifische und kontinuierliche »psychosomatische« Entlastungs- funktion der Sprache.

[39] Auch der Analytiker verzichtet auf den Gebrauch seiner Hände. Historisch ist bedeutsam, daß Freud das Auflegen der Hand durch die *Deutung* der Widerstände ersetzte. Von den offenkundigen praktischen Elementen in diesem Übergang ab- gesehen, könnte man über die bilaterale unbewußte Bedeutung des Druckes und des Loslassens der Hände spekulieren: bei der Überwindung eines momentanen Impulses, auf Sprache zu ver- zichten, ließen sich die Hände, als zum Greifen geeignete Werk- zeuge, in gewissem Sinne als Erweiterung des Mundes auf- fassen. (Zu einem möglichen weiteren Aspekt dieser Spekulation

vgl. Spitz' [1957] Bemerkungen zum Suchverhalten als Vorstufe der Kommunikation.)

[40] Wie schon früher erwähnt, heißt das natürlich, daß dies die Richtung einer Tendenz ist, welche die psychoanalytische Situation kennzeichnet – eine Möglichkeit und nur selten eine Wirklichkeit. Nur bei Individuen, deren Krankheit von sehr frühen Fixierungen herrührt, wird diese Tendenz gelegentlich in der einen oder anderen Form von manifester Übertragungsneurose evident. In den meisten Fällen ist sie nur rudimentär vorhanden, gibt aber der allgemeinen Beziehung eine bestimmte Note und mündet in die späteren Phasen der Entwicklungskonflikte ein, unter denen der Inzestkonflikt eine zentrale, relativ entwickelte und integrierte Stellung einnimmt. Ich glaube, daß die genaue Analyse von Fällen besonders intensiver inzestuöser Fixierung häufig deren Zusammenhang mit der prägenitalen Einverleibungstendenz zur Beherrschung oder Inkorporierung des Objekts ebenso deutlich erweisen wird wie ihre Ähnlichkeit zu dem literarischen Muster hoffnungsloser oder tragischer romantischer Liebe.

[41] Bei einem Mädchen, das ich seit seiner Geburt kannte, habe ich zwei bemerkenswerte Traumreaktionen auf das Substrat des sadistischen Konflikts im Phänomen der Sprache beobachtet. Seit den frühen Jahren hatten sich manifeste, wenngleich subklinische, orale Auffälligkeiten gezeigt, einschließlich einer erstaunlich frühen Tendenz, die Mutter zu beißen, und einiger Träume von der Angst, gebissen zu werden. Für kurze Zeit hatte es gestottert, was alsbald spontan aufhörte. In einer Phase, in der seine Sprachbeziehung zu einer Person, die einen wichtigen und sich aufopfernden Mutterersatz darstellte, einen manifest sadistischen Charakter angenommen hatte, sah es eine Katze, ein altes Haustier, von einem Bücherschrank springen, auf meinem Unterarm landen und beim Versuch, das Gleichgewicht zu halten, sich an mich ankrallen. Als ich durch den plötzlichen Stoß zusammenfuhr, unterbrach es sein Spiel, um mich zu beruhigen: »Sie will dir nicht weh tun. Sie hält sich nur fest, weil sie Angst

hat!« Im Jahr zuvor hatte dieselbe Katze Kopf und Gesicht dieses Mädchens arg zerkratzt, als sie von einem Hund angebellt wurde, dem das Mädchen unbedingt die von ihr festgehaltene Katze zeigen wollte. Am nächsten Morgen erzählte es einen kurzen Traum: die Katze hatte plötzlich zu ihm *gesprochen* und ein harmloses »He!« gesagt, was es beim Aufwachen mit unbeschreiblichem Entsetzen erfüllte.

In der Phase des schuldbewußten Kampfes mit seiner sadistischen Sprache gab der 1. April dem Mädchen Gelegenheit zu einigen relativ harmlosen Streichen, vor allem verbaler Art. Es spielte dabei auf einige seiner Erfolge beim Täuschen [»foxing«] anderer an, und ihm wurde wiederholt gedroht, es werde »aufgeschnitten«. Am nächsten Morgen berichtete sie von einem verstörenden Traum: Sie hatte einen Fuchs [»fox«] aufgeschnitten.

[42] In der Alltagserfahrung zeigt sich dies z. B. deutlich in der außerordentlichen emotionalen Bedeutung von Ferngesprächen, auch wenn diese auf einige Minuten banaler Äußerungen begrenzt sind; oder in den langen Telephongesprächen über wenig oder nichts zwischen Personen, die über die Zeit für diese Form zärtlichen Ausdrucks verfügen (und/oder Nichtbeteiligten gegenüber sich gewöhnlich scharf ablehnend verhalten).

Zusammenfassung

[43] Vgl. Freuds Patientin Katharina: »Einem Doktor darf man ja alles sagen« (Breuer und Freud, 1895, S. 187). Oder: »Ich bin doch beim Arzte, dem darf man alles sagen« (Freud 1898, S. 494). In der mit Recht berühmten Stelle aus *The Scarlet Letter* (Oberndorf, 1953), die Karl Menninger zitiert hat (1958, S. 13), sollten wir nicht übersehen: »… wenn zu diesen Qualifikationen eines Vertrauten noch die *durch seine anerkannte Eigenschaft als Arzt gegebene Überlegenheit* hinzutritt – dann wird notwendigerweise der Augenblick kommen, in dem die Seele des Leidenden sich auflöst, in einem dunklen, aber durchsichtigen Strom fort-

fließt und alle ihre Geheimnisse ans Tageslicht bringt.« Kurz vorher: »Wer mit einem Geheimnis belastet ist, sollte insbesondere den vertrauten Umgang mit seinem *Arzt* meiden.« Es ist ein weiterer, vielleicht noch deutlicherer Beweis für Hawthornes psychologisches Genie, daß Chillingworths eigenartige und zerstörerische »Gegenübertragung« (um den Begriff etwas frei zu gebrauchen) schließlich die Vorteile seiner manifesten Berufsrolle überwog und aufhob!

[44] Die extreme Entwicklung in der anderen Richtung (wenngleich nicht das genaue Gegenteil), eine erstarrte Tradition unter vielen besonnenen Kollegen, läuft darauf hinaus, daß ein von einem Arzt psychotherapeutisch behandelter Patient von demselben Arzt nicht analysiert werden darf. Dies stellt uns natürlich vor das schwierige Problem der grundlegenden methodologischen Unterschiede, nämlich vor die Frage nach den Maßnahmen in dem besonderen Fall sowie nach dem Charakter der Gegenübertragung in der ursprünglichen Behandlung. Angenommen, es gab keine Gegenübertragungskomplikation, keine unsinnigen technischen Kunstgriffe, ferner Kompetenz des Arztes und angemessene Gründe für die nicht analytischen Methoden in der früheren Behandlung, dann kann ich diese Ansicht nicht als eine vernünftige Generalisierung akzeptieren. Ich gehe sogar noch weiter (ohne das hier entfalten zu können); denn ich glaube, daß auf der Basis erweiterter vorbereitender Interviews, die heute als »Psychotherapie« bezeichnet würden, viele einer gründlichen analytischen Arbeit anderenfalls unzugängliche Patienten zu Patienten werden, die für eine Analyse geeignet sind.

Literaturverzeichnis

Alexander, F.	(1956) *Psychoanalysis and Psychotherapy: Developments in Theory, Technique, and Training*, New York, W. W. Norton; Allen & Unwin, London 1957.
– et al.	(1946) *Psychoanalytic Therapy, Principles and Application*, New York, Ronald Press.
Arlow, J. A.	(1955) ›Notes on Oral Symbolism‹, in: *Psychoanalytic Quarterly*, 24: 63–74.
Bálint, A., u. Bálint, M.	(1939) ›On Transference and Counter-Transference‹, in: *International Journal of Psycho-Analysis*, 20: 223–230.
Beres, D.	(1957) ›Communication in Psychoanalysis and in the Creative Process: A Parallel‹, in: *Journal of the American Psychoanalytic Association*, 5: 408–423.
Berman, L.	(1949) ›Counter-Transferences and Attitudes of the Analyst in the Therapeutic Process‹, in: *Psychiatry*, 12: 159–166.
Bibring, E.	(1954) ›Psychoanalysis and the Dynamic Psychotherapies‹, in: *Journal of the American Psychoanalytic Association*, 2: 745–770.
Bibring-Lehner, G.	(1936) ›A Contribution to the Subject of Transference Resistance‹, in: *International Journal of Psycho-Analysis*, 17: 181–189.
Bouvet, M.	(1958) ›Technical Variation and the Concept of Distance‹, in: *International Journal of Psycho-Analysis*, 39: 211–221.
Breuer, J., u. Freud, S.	(1895) *Studien über Hysterie*, Wien und Leipzig, Franz Deuticke; vollständige Neuausgabe: Fischer

Taschenbuch Verlag [Nr. 6001], Frankfurt am Main 1970. Soweit die Arbeiten von Freud stammen, auch enthalten in: *Gesammelte Werke*, I, S. 75–312. [Zitiert wurde nach den *G. W.*]

Buxbaum, E.　(1950) ›Technique of Terminating Analysis‹, in: *International Journal of Psycho-Analysis*, *31*: 184–190.

de Forest, I.　(1942) ›The Therapeutic Technique of Sandor Ferenczi‹, in: *International Journal of Psycho-Analysis*, *23*: 120–139.

Eisendorfer, A.　(1959) ›The Selection of Candidates Applying for Psychoanalytic Training‹, in: *Psychoanalytic Quarterly*, *28*: 374–378.

Eissler, K. R.　(1950) ›The Chicago Institute of Psychoanalysis and the Sixth Period of the Development of Psychoanalytic Technique‹, in: *Journal of Genetic Psychology*, *42*: 103–157.

–　(1953) ›The Effect of the Structure of the Ego on Psychoanalytic Technique‹, in: *Journal of the American Psychoanalytic Association*, *I*: 104–143.

–　(1958) ›Remarks on Some Variations in Psychoanalytical Technique‹, in: *International Journal of Psycho-Analysis*, *39*: 222–229.

Erikson, E. H.　(1946) ›Ego Development and Historical Change‹, in: *Identity: Youth and Crisis*, Norton, New York 1968; Faber & Faber, London 1968; deutsch in: Erikson, *Jugend und Krise*, Klett, Stuttgart 1970.

Fenichel, O.　(1937) ›The Scopophilic Instinct and Identification‹, in: *International Journal of Psycho-Analysis*, *18*: 6–34.

–　(1941) *Problems of Psychoanalytic Technique*, New York, The Psychoanalytic Quarterly, Inc.

Ferenczi, S.　(1909) ›Introjektion und Übertragung‹, in: *Jahrbuch der Psychoanalyse*, I, S. 422–457; Neupublikation in: Ferenczi, *Schriften zur Psychoanalyse* [*S.*], Bd. I, S. 12–47, S. Fischer, Frankfurt am Main 1970.

–　(1919a) ›Zur psychoanalytischen Technik‹, in: *Int. Z. Psa.*, V, S. 181–192; Neupublikation in: *S.*, Bd. I, S. 272–283.

–　(1919b) ›Technische Schwierigkeiten einer Hysterieanalyse‹, in: *Int. Z. Psa.*, V, S. 34–40; Neupublikation in: *S.*, Bd. II, S. 3–10.

–　(1920) ›Weiterer Ausbau der 'aktiven Technik' in

174

Ferenczi, S. (Forts.) der Psychoanalyse‹, in: *Int. Z. Psa.*, VII, 1921, S. 233–251; Neupublikation in: *S.*, Bd. II, S. 74–91.

— (1929) ›Das unwillkommene Kind und sein Todestrieb‹, in: *Int. Z. Psa.*, XV, S. 149–153; Neupublikation in: *S.*, Bd. II, S. 251–256.

— (1930) ›Relaxationsprinzip und Neokatharsis‹, in: *Int. Z. Psa.*, XVI, S. 149–164; Neupublikation in: *S.*, Bd. II, S. 257–273.

— (1931) ›Kinderanalysen mit Erwachsenen‹, in: *Int. Z. Psa.*, XVII, S. 161–175; Neupublikation in: *S.*, Bd. II, S. 274–289.

— (1932) ›Sprachverwirrung zwischen den Erwachsenen und dem Kind‹, in: *Int. Z. Psa.*, XIX, 1933, S. 5–15; Neupublikation in: *S.*, Bd. II, S. 303–313.

— u. O. Rank (1924) *Entwicklungsziele der Psychoanalyse. Zur Wechselbeziehung von Theorie und Praxis*, Wien-Leipzig-Zürich, Internationaler Psychoanalytischer Verlag.

Flescher, J. (1953) ›The 'Primary Constellation' in the Structure and Treatment of Psychoses‹, in: *Psychoanalytic Review*, 40: 197–217.

Fliess, R. (1949) ›Silence and Verbalization: A Supplement to the Theory of the Analytic Rule‹, in: *International Journal of Psycho-Analysis*, 30: 21–30.

— (1954) ›The Autopsic Encumbrance‹, in: *International Journal of Psycho-Analysis*, 35: 8–12.

Freud, Anna (1936) *Das Ich und die Abwehrmechanismen*, Wien, Internationaler psychoanalytischer Verlag; München, Kindler Verlag, 1964.

— (1946) *The Psycho-Analytical Treatment of Children*, New York, International Universities Press, 1959.

— (1954a) ›The Widening Scope of Indications for Psychoanalysis: Discussion‹, in: *Journal of the American Psychoanalytic Association*, 2: 607–620.

— (1954b) ›Problems of Technique in Adult Analysis (with discussion by several others)‹, in: *Bulletin of the Philadelphia Association for Psychoanalysis*, 4: 44–69.

Freud, Sigmund (1887–1902) *Aus den Anfängen der Psychoanalyse. Briefe an Wilhelm Fließ, Abhandlungen und Notizen aus den Jahren 1887–1902*, S. Fischer Verlag, Frankfurt/Main 1950.

Freud, S. (Forts.) (1898) ›Die Sexualität in der Ätiologie der Neurosen‹, in: Freud, *Gesammelte Werke*, S. Fischer
Verlag, Frankfurt am Main [im folgenden als *G.W.*
abgekürzt], Bd. I, S. 489–517.

– (1905a) ›Bruchstück einer Hysterie-Analyse‹, in:
G.W., Bd. V, S. 161–286.

– (1905b) ›Psychische Behandlung (Seelenbehand-
lung)‹, in: *G.W.*, Bd. V, S. 287–315.

– (1905c) ›Drei Abhandlungen zur Sexualtheorie‹,
in: *G.W.*, Bd. V, S. 27–145.

– (1911) ›Die Handhabung der Traumdeutung in der
Psychoanalyse‹, in: *G.W.*, Bd. VIII, S. 349–357.

– (1911–1915) ›Schriften zur Technik‹ [›Papers on
Technique‹]. Unter diesem Zwischentitel hat
J. Strachey, Hrsg. d. engl. Freud-Ausgabe (*Standard
Edition*) folgende Arbeiten Freuds zusammengefaßt:
1911, 1912a, 1912b, 1913b, 1914b, 1915a.

– (1912a) ›Zur Dynamik der Übertragung‹, in:
G.W., Bd. VIII, S. 363–374.

– (1912b) ›Ratschläge für den Arzt bei der psychoanalytischen Behandlung‹, in: *G.W.*, Bd. VIII,
S. 375–387.

– (1913a) ›Geleitwort zu *Die psychoanalytische
Methode* von Dr. Oskar Pfister‹, in: *G.W.*, Bd. X,
S. 448–450.

– (1913b) ›Zur Einleitung der Behandlung‹, in:
G.W., Bd. VIII, S. 453–478.

– (1914a) ›Zur Geschichte der psychoanalytischen
Bewegung‹, in: *G.W.*, Bd. X, S. 43–113.

– (1914b) ›Erinnern, Wiederholen und Durcharbei-
ten‹, in: *G.W.*, Bd. X, S. 125–136.

– (1915a) ›Bemerkungen über die Übertragungsliebe‹, in: *G.W.*, Bd. X, S. 305–321.

– (1915b) ›Einige Charaktertypen aus der psychoanalytischen Arbeit‹, in: *G.W.*, Bd. X, S. 363–391.

– (1919) ›Wege der psychoanalytischen Therapie‹, in:
G.W., Bd. XII, S. 181–194.

– (1920) ›Jenseits des Lustprinzips‹, in: *G.W.*,
Bd. XIII, S. 1–69.

– (1921a) ›Preface to J. J. Putnam, *Addresses on Psycho-
Analysis*‹, *G. W.* XIII, S. 437 f.

– (1925) ›Selbstdarstellung‹, in: *G.W.*, Bd. XIV, S. 31–96.

Freud, S. (Forts.)	(1926a) ›Hemmung, Symptom und Angst‹, in: *G.W.*, Bd. XIV, S. 111–205.
–	(1926b) ›Die Frage der Laienanalyse‹, in: *G.W.*, Bd. XIV, S. 207–296.
–	(1937) › Die endliche und die unendliche Analyse‹, in: *G.W.*, Bd. XVI, S. 57–99.
–	(1938a) ›Konstruktionen in der Analyse‹, in: *G.W.*, Bd. XVI, S. 41–56.
–	(1938b) ›Abriß der Psychoanalyse‹, in: *G.W.*, Bd. XVII, S. 63–138.
Gitelson, M.	(1952) ›The Emotional Position of the Analyst in the Psycho-Analytic Situation‹, in: *International Journal of Psycho-Analysis, 33*: 1–10.
–	(1959) ›A Critique of Current Concepts in Psychosomatic Medicine‹, in: *Bulletin of the Menninger Clinic, 23*: 165–178.
Glover, E.	(1928 [1938, 1955]) *The Technique of Psychoanalysis.* New York, Int. Univ. Press (Part II, Questionnaire, 1938, pp. 259–350); neue rev. Aufl. 1955.
Greenacre, P.	(1954) ›The Role of Transference‹, in: *Journal of the American Psychoanalytic Association, 2*: 671–684.
–	(1959) ›Certain Technical Problems in the Transference Relationship‹, in: *Journal of the American Psychoanalytic Association, 7*: 484–502.
–	(1961) ›A Critical Digest of the Literature on Selection of Candidates for Psychoanalytic Training‹, in: *Psychoanalytic Quarterly, 30*: 28–55.
Greenson, R. R.	(1958) ›Variations in Classical Psycho-Analytic Technique. An Introduction‹, in: *International Journal of Psycho-Analysis, 39*: 200–201.
Hartmann, H.	(1939) *Ego Psychology and the Problem of Adaptation*, International Universities Press, New York 1958; deutsche Erstveröffentlichung: ›Ich-Psychologie und Anpassungsproblem‹, in: *Int. Z. Psa.*, 24, 1939, S. 62–135.
–	(1951) ›Technical Implications of Ego Psychology‹, in: *Psychoanalytic Quarterly, 20*: 31–43.
–, E. Kris u. R. M. Loewenstein	(1946) ›Comments on the Formation of Psychic Structure‹, in: *The Psychoanalytic Study of the Child, 2*: 11–38 (International Universities Press, New York).
–	(1951) ›Some Psychoanalytic Comments on

177

'Culture and Personality'‹, in: G. B. Wilbur u. W. Muensterberger (Hrsg.), *Psychoanalysis and Culture*, New York, International Universities Press.

Heimann, P.   (1956) ›Dynamics of Transference Interpretations‹, in: *International Journal of Psycho-Analysis, 37*: 303–310.

Hoffer, W.   (1949) ›Mouth, Hand and Ego Integration‹, in: *The Psychoanalytic Study of the Child, 3/4*: 49–55 (New York, Int. Univ. Press).

–   (1956) ›Transference and Transference Neurosis‹, in: *International Journal of Psycho-Analysis, 37*: 377–379.

Isakower, O.   (1939) ›On the Exceptional Position of the Auditory Sphere‹, in: *International Journal of Psycho-Analysis, 20*: 340–348.

Jones, E.   (1953–1957) *The Life and Work of Sigmund Freud*, 3 Bde., New York, Basic Books; deutsche Ausg.: *Das Leben und Werk von Sigmund Freud*, 3 Bde., Bern und Stuttgart, Hans Huber Verlag, 1960/62.

Joseph, E. D.   (1960) ›Cremation, Fire, and Oral Aggression‹, in: *Psychoanalytic Quarterly, 29*: 98–104.

Klein, M.   (1952) ›The Origins of Transference‹, in: *International Journal of Psycho-Analysis, 33*: 433–438.

Krapf, E. E.   (1956) ›Über Kälte- und Wärmeerlebnisse in der Übertragung‹, in: *Psyche, 10*: 216–221.

Kris, E.   (1956) ›On Some Vicissitudes of Insight in Psycho-Analysis‹, in: *International Journal of Psycho-Analysis, 37*: 445–455.

Kubie, L. S.   (1950) *Practical and Theoretical Aspects of Psychoanalysis*, New York, International Universities Press; deutsche Ausgabe: *Psychoanalyse ohne Geheimnis*, Hamburg, Rowohlt Taschenbuch Verlag, 1956.

Lagache, D.   (1952) ›Le probleme du transfert‹, in: *Revue Française de Psychanalyse, 16*: 5–122 (including discussion).

–   (1953) ›Some Aspects of Transference‹, in: *International Journal of Psycho-Analysis, 34*: 1–10.

–   (1954) ›La doctrine Freudienne et la théorie du transfert‹, in: *Acta Psychotherapeutica, 2*: 228-249.

Lewin, B. D.   (1946a) ›Counter-transference in the Technique of Medical Practice‹, in: *Psychosomatic Medicine, 8*: 195–199.

–	(1946 b) ›Sleep, the Mouth and the Dream Screen‹, in: *Psychoanalytic Quarterly*, *15*: 419–434.
–	(1954) ›Sleep, Narcissistic Neurosis, and the Analytic Situation‹, in: *Psychoanalytic Quarterly*, *23*: 487–510.
–	(1955) ›Dream Psychology and the Analytic Situation‹, in: *Psychoanalytic Quarterly*, *24*: 169 bis 199.
Loewald, H. W.	(1960) ›On the Therapeutic Action of Psycho-Analysis, in: *International Journal of Psycho-Analysis*, *41*: 1–18.
Loewenstein, R. M.	(1951) ›The Problem of Interpretation‹, in: *Psychoanalytic Quarterly*, *20*: 1–14.
–	(1956) ›Some Remarks on the Role of Speech in Psycho-Analytic Technique‹, in: *International Journal of Psycho-Analysis*, *37*: 460–468.
–	(1958 a) ›Remarks on Some Variations in Psycho-Analytic Technique‹, in: *International Journal of Psycho-Analysis*, *39*: 202–210.
–	(1958 b) ›Variations in Classical Technique: Concluding Remarks‹, in: *International Journal of Psycho-Analysis*, *39*: 240–242.
Lorand, S.	(1946) *Technique of Psychoanalytic Therapy*, New York, Int. Univ. Press.
Macalpine, I.	(1950) ›The Development of Transference‹, in: *Psychoanalytic Quarterly*, *19*: 501–539.
Menaker, E.	(1942) ›The Masochistic Factor in the Psychoanalytic Situation‹, in: *Psychoanalytic Quarterly*, *11*: 171–186.
Menninger, K. A.	(1958) *Theory of Psychoanalytic Technique*, New York, Basic Books.
Money-Kyrle, R. E.	(1956) ›Normal Counter-Transference and Some of Its Deviations‹, in: *International Journal of Psycho-Analysis*, *37*: 360–366.
Nacht, S.	(1949) ›Réflexions sur le transfert et le contretransfert‹, in: *Revue Française de Psychanalyse*, *13*: 367–380.
–	(1958) ›Variations in Technique‹, in: *International Journal of Psycho-Analysis*, *39*: 235–237.
– u. Viderman, S.	(1960) ›The Pre-Object Universe in the Transference Situation‹, in: *International Journal of Psycho-Analysis*, *41*: 385–388

Needles, W.   (1959) ›Gesticulation and Speech‹, in: *International Journal of Psycho-Analysis*, *40*: 291–294.

Nunberg, H.   (1925) ›The Will to Recovery‹, in: *Practice and Theory of Psychoanalysis*, New York, Int. Univ. Press, 1961; dt. Erstveröffentlichung: Über den Genesungswunsch, in: *Int. Z. Psa.*, 11, 1925, S. 179–193.

–   (1930) ›The Synthetic Function of the Ego‹, in: *Practice and Theory of Psychoanalysis*, New York, Int. Univ. Press. 1961; dt. Erstveröffentlichung: ›Die synthetische Funktion des Ich‹, in: *Int. Z. Psa.*, 16, 1930, S. 301–318.

–   (1938) ›Psychological Interrelations Between Physician and Patient‹, in: *Practice and Theory of Psychoanalysis*, New York, Int. Univ. Press, 1961.

–   (1951) ›Transference and Reality‹, in: *International Journal of Psycho-Analysis*, *32*: 1–9

Oberndorf, C. P.   (1953) *A History of Psychoanalysis in America*, New York, Grune & Stratton.

Orr, D. W.   (1954) ›Transference and Countertransference: A Historical Survey‹, in: *Journal of the American Psychoanalytic Association*, 2: 621–670.

Panel Discussion   (1956) ›Problems of Transference‹, in: *International Journal of Psycho-Analysis*, *37*: 367–395 (s. a. Waelder, Zetzel, Hoffer, Spitz, Winnicott, Krapf).

–   (1958) ›Variations in Classical Psycho-Analytic Technique‹, in: *International Journal of Psycho-Analysis*, *39*: 200–242 (s. a. Greenson, Loewenstein, Reich, Eissler, Nacht, Rosenfeld, Bouvet).

Racker, H.   (1957) ›The Meanings and Uses of Countertransference‹, in: *Psychoanalytic Quarterly*, *26*: 303–357.

Reich, A.   (1950) ›On the Termination of Analysis‹, in: *International Journal of Psycho-Analysis*, *31*: 179–183.

–   (1958) ›A Special Variation of Technique‹, in: *International Journal of Psycho-Analysis*, *39*: 230 bis 234.

–   (1960) ›Further Remarks on Counter-Transference‹, in: *International Journal of Psycho-Analysis*, *41*: 389–395.

Rosen, V. H.   (1960) ›Some Aspects of the Role of Imagination in the Analytic Process‹, in: *Journal of the American Psychoanalytic Association*, 8: 229–251.

Rosenfeld, H.   (1958) ›Contribution to the Discussion on Variations in Classical Technique‹, in: *International Journal of Psycho-Analysis, 39*: 238–239.

Scheunert, G.   (1961) ›Die Abstinenzregel in der Psychoanalyse‹, in: *Psyche, 15*: 105–123.

Searles, H. F.   (1959) ›Oedipal Love in the Counter-Transference‹, in: *International Journal of Psycho-Analysis, 40*: 180–190.

Sechehaye, M. A.   (1956) ›The Transference in Symbolic Realization‹, in: *International Journal of Psycho-Analysis, 37*: 270–277; deutsch in: ›Die Übertragung in der 'Realisation symbolique'‹, in: *Psyche*, 10, 1956, S. 482–496.

Sharpe, E. F.   (1940) ›Psycho-Physical Problems Revealed in Language: An Examination of Metaphor‹, in: *International Journal of Psycho-Analysis, 21*: 201–213.

Silverberg, W. V.   (1948) ›The Concept of Transference‹, in: *Psychoanalytic Quarterly, 17*: 303–321.

Simmel, E.   (1926) ›The 'Doctor Game', Illness and the Profession of Medicine‹, in: *International Journal of Psycho-Analysis, 7*: 470–483; dt. Erstveröffentlichung: ›Doktorspiel, Kranksein und Ärzteberuf‹, in: *Int. Z. Psa.*, 12, 1926, S. 528–539.

Spitz, R. A.   (1956) ›Transference: The Analytical Setting and Its Prototype‹, in: *International Journal of Psycho-Analysis, 37*: 380–385.

–   (1957) *No and yes: On the Genesis of Human Communication*, New York, International Universities Press; dt. Ausg.: *Nein und Ja. Die Ursprünge der menschlichen Kommunikation*, Stuttgart, E. Klett [1959].

Stewart, W. A.   (1960) ›The Development of the Therapeutic Alliance in Borderline Patients‹ (Presentation before the New York Psychoanalytic Society.) Summarized (with discussion) in: *Psychoanalytic Quarterly, 31*: 165–167.

Stone, L.   (1947) ›Transference Sleep in a Neurosis with Duodenal Ulcer‹, in: *International Journal of Psycho-Analysis, 28*: 18–32.

–   (1951) ›Psychoanalysis and Brief Psychotherapy‹, in: *Psychoanalytic Quarterly, 20*: 215–236.

–   (1954a) ›On the Principal Obscene Word of the English Language: An Inquiry, with Hypothesis,

Stone, L. (Forts.)   Regarding Its Origin and Persistence‹, in: *International Journal of Psycho-Analysis, 35*: 30–56.

—   (1954b) ›The Widening Scope of Indications for Psychoanalysis‹, in: *Journal of the American Psychoanalytic Association, 2*: 567–594.

—   (1957) Rezension von: *Psychoanalysis and Psychotherapy*, von F. Alexander, in: *Psychoanalytic Quarterly, 26*: 397–405.

Strachey, J.   (1934) ›The Nature of the Therapeutic Action of Psycho-Analysis‹, in: *International Journal of Psycho-Analysis, 15*: 127–159.

Symposium   (1937) ›On the Theory of the Therapeutic Results of Psycho-Analysis‹ (E. Glover, O. Fenichel, J. Strachey, E. Bergler, H. Nunberg, E. Bibring.) in: *International Journal of Psycho-Analysis, 18*: 125–189.

Thompson, C. M.   (1938a) ›Notes on the Psychoanalytic Significance of the Choice of an Analyst‹, in: *Psychiatry, 2*: 205 bis 216.

—   (1938b) ›Development of Awareness of Transference in a Markedly Detached Personality‹, in: *International Journal of Psycho-Analysis, 19*: 299–309.

—   (1943) ›'The Therapeutic Technique of Sandor Ferenczi': A Comment‹, in: *International Journal of Psycho-Analysis, 24*: 64–66.

—   (1944) ›Ferenczi's Contribution to Psychoanalysis‹, in: *Psychiatry, 7*: 245–252.

Tower, L. E.   (1956) ›Countertransference‹, in: *Journal of the American Psychoanalytic Association, 4*: 224–255.

Waelder, R.   (1930) ›The Principle of Multiple Function‹, in: *Psychoanalytic Quarterly, 5*: 45–62, 1936; dt. Erstveröffentlichung: ›Das Prinzip der mehrfachen Funktion. Bemerkungen zur Überdeterminierung‹, in: *Int. Z. Psa.*, 16, 1930, S. 286–300.

—   (1937) ›The Problem of the Genesis of Psychical Conflict in Earliest Infancy. Remarks on a Paper by Joan Riviere‹, in: *International Journal of Psycho-Analysis, 18*: 406–473; dt. Erstveröffentlichung: ›Zur Frage der psychischen Konflikte im frühen Lebensalter‹, in: *Int. Z. Psa.*, 22, 1936, S. 513–570.

—   (1956) ›Introduction to the Discussion on Problems of Transference‹, in: *International Journal of Psycho-Analysis, 37*: 367–368.

182

Waelder, R. (Forts.) (1960) *Basic Theory of Psychoanalysis*, New York, International Universities Press; deutsch: *Die Grundlagen der Psychoanalyse*, E. Klett Verlag, Stuttgart – H. Huber Verlag, Bern 1963; Taschenbuchausgabe: Fischer Taschenbuch Verlag, Frankfurt/Main, Band Nr. 6099.

Weigert, E. (1954) ›Counter-Transference and Self-Analysis of the Psycho-Analyst‹, in: *International Journal of Psycho-Analysis*, *35*: 242–246.

Winnicott, D. W. (1956) ›On Transference‹, in: *International Journal of Psycho-Analysis*, *37*: 386–388.

Zetzel, E. R. (1956) ›Current Concepts of Transference‹, in: *International Journal of Psycho-Analysis*, *37*: 369–376.

Die Veröffentlichungen
von Leo Stone

1934

›Paradoxical Symptoms in Right Temporal Lobe Tumor‹, in: *J. Nerv. & Ment. Dis.*, 79, S. 1–13.

›Some Practical Aspects of Brain Tumor Diagnosis‹, in: *Southwestern Med.*, 18, S. 115–120.

(u. M. M. Abeles) ›The Treatment of Muscular Dystrophy with Gelatin‹, in: *J. Nerv. & Ment. Dis.*, 80, S. 285–290.

1935

›Chronic Hydrocephalus Following Amputation of Meningocele; Observations Twelve Years After Operation‹, in: *J. Okla. Med. Assn.*, 28, S. 133–138.

›Chronic Endogenous Hypoglycemia with Neuropsychiatric Syndrome‹, *J. Kans. Med. Soc.*, 36, S. 13–21.

(u. W. C. Menninger) ›A Case of Psychosis Associates with Midline Cerebellar Tumor‹, in: *Arch. Neurol. & Psychiat.*, 33, S. 399–405.

1936

(u. G. S. Waraich, M. M. Kessler) ›Acute Hemorrhagic Encephalitis (Pericapillary Encephalorrhagia) Following Arsphenamine Administration‹, in: *Bull. Menninger Clin.*, 1, S. 19–28.

1937

(u. C. Davison) ›Lesions of the Nervous System of the Rat in Vitamin B Deficiency‹, in: *Arch. Pathol.*, 23, S. 207–223.

(u. H. N. Roback) ›Myelomalacia Without Thrombosis Following Indirect Trauma (Strain)‹, in: *J. A. M. A.*, 108, S. 1698–1701.

1938

›Concerning the Psychogenesis of Somatic Disease: Physiological and Neurological Correlations with the Psychological Theory‹, in: *Int. J. Psa.*, 19, S. 63–76.

1941

Rezension: B. V. White, S. Cobb u. C. M. Jones, *Mucous Colitis. A Psychological Medical Study of Sixty Cases*, in: *Psa. Quart.*, 10, S. 663–667.

1943

(u. M. Kanzer, L. S. Kubie, S. Margolin) ›Acute Emotional Disturbances in Torpedoed Seamen of the Merchant Marine Who Are Continuing at Sea. Their Nature and Incidence‹, in: *War Med.*, 3, S. 392–408.

1947

›Transference Sleep in a Neurosis with Duodenal Ulcer‹, in: *Int. J. Psa.*, 28, S. 18–32; auch in: *The Yearbook of Psychoanalysis*, 5, S. 86–118, International Universities Press, New York 1949.

1951

›Psychoanalysis and Brief Psychotherapy‹, in: *Psa. Quart.*, 20, S. 215–236.
Diskussionsbeitrag: ›Psychoanalysis and Psychotherapy‹ (Bericht von O. Spurgeon English) in: *Bulletin Am. Psa. Assn.*, 7, S. 252–265.

1954

›On the Principal Obscene Word of the English Language: An Inquiry, with Hypothesis, Regarding Its Origin and Persistence‹, in: *Int. J. Psa.*, 35, S. 30–56.
Diskussionsbeitrag: ›Psychoanalysis and Dynamic Psychotherapy – Similarities and Differences‹ (Bericht von L. Rangell), in: *J. Am. Psa. Assn.*, 2, S. 155f., 164ff.
›The Widening Scope of Indications for Psychoanalysis‹, in: *J. Am. Psa. Assn.*, 2, S. 567–594.

1955

›Two Avenues of Approach to the Schizophrenic Patient‹ (Rezension von: J. N. Rosen, *Direct Analysis: Selected Papers*, und G. Schwing, *A Way to the Soul of the Mentally Ill*), in: *J. Am. Psa. Assn.*, 3, S. 126–148.

1957

Rezension: F. Alexander, *Psychoanalysis and Psychotherapy, Developments in Theory, Technique, and Training*, in: *Psa. Quart.*, 26, S. 397–405.

1958

Diskussion über: Phyllis Greenacre, ›The Family Romance of the Artist‹, in: *The Psychoanalytic Study of the Child*, 13, S. 37–40, International Universities Press, New York.

1960

Diskussionsbeitrag: ›An Examination of Nosology According to Psychoanalytic Concepts‹ (Bericht v. N. Ross), in: *J. Am. Psa. Assn.*, 8, S. 535–551.

1961

The Psychoanalytic Situation: An Examination of Its Development and Essential Nature, International Universities Press, New York (Freud Anniversary Lecture, 9. Mai 1961).

1967

›The Psychoanalytic Situation and Transference. Postscript to an Earlier Communication‹, in: *J. Am. Psa. Assn.*, XV, 1, S. 3–58.

1970

›On Resistance to the Psychoanalytic Process: Some Thoughts on Its Nature and Motivations‹ (Fourth Annual Lecture of the John B. Turner Visiting Professor, Columbia University Psychoanalytic Clinic; New York Academy of Medicine, 29. April 1970). Publikation geplant für 1973.

1971

›Reflections on the Psychoanalytic Concept of Aggression‹, in: *Psa. Quart.* 41, S. 195–244.

Notiz über den Autor

Leo Stone wurde im Jahre 1904 in Brooklyn, New York, geboren. Nach der Grundschulerziehung an public schools in Brooklyn und Rockland County, New York, erwarb er 1924 am Dartmouth College den Grad eines Bakkalaureus und 1928 an der University of Michigan den medizinischen Doktorgrad. Seine neurologische Ausbildung absolvierte er am Montefiore Hospital. Von Februar 1932 bis August 1936 war er am ›Menninger Clinic and Sanitarium‹ tätig. Er hat als Neurologe am ›Beth Israel Hospital‹ und als Psychiater am ›New York Hospital Outpatient Department‹ sowie am ›Mount Sinai Hospital‹ gearbeitet. Seine psychoanalytische Ausbildung erhielt er am ›New York Psychoanalytic Institute‹. Von Oktober 1951 bis März 1957 war Leo Stone Direktor des Behandlungszentrums des ›New York Psychoanalytic Institute‹; er gehört dem Institut seit 1948 als Mitglied des Lehrkörpers an. Leo Stone unterhält außerdem in New York eine psychoanalytische Privatpraxis.

DIE SIGMUND FREUD-VORLESUNGEN

BISHER ERSCHIENEN

Anna Freud
Schwierigkeiten der Psychoanalyse
in Vergangenheit und Gegenwart

Edith Jacobson
Psychotischer Konflikt und Realität

René A. Spitz
Eine genetische Feldtheorie der Ichbildung

Leo Stone
Die psychoanalytische Situation

IN VORBEREITUNG U. A.

Helene Deutsch
A Psychoanalytic Study of the Myth
of Dionysus and Apollo

Herman Nunberg
Curiosity

Robert Waelder
Psychoanalytic Avenues to Art

S. FISCHER